노예상인 출신 복음 전도자

존 뉴턴

Copyright ⓒ 2003 Irene Howat
Originally published in English under the title

A Slave Set Free

Published by Christian Focus Publications,
Geanies House, Fearn, Tain, Ross-shire, IV20 1TW, Scotland, U.K.
All rights reserved.

Korean Edition
ⓒ 2024 by Precept Korea
8-1, Cheongnyongmaeul-gil, Seocho-gu, Seoul, Korea

노예상인 출신 복음 전도자

존 뉴턴

아이린 호왓 지음 | 황민솔 옮김

묵상하는**사람들**
프리셉트

오직 너 하나님의 사람아
이것들을 피하고
의와 경건과 믿음과 사랑과 인내와 온유를 따르며
믿음의 선한 싸움을 싸우라
영생을 취하라
이를 위하여 네가 부르심을 받았고
많은 증인 앞에서 선한 증언을 하였도다

디모데전서 6:11-12

0. 이야기의 시작 8
1. 런던 리틀베어 부둣가 24
2. 새로운 경험 40
3. 바다 위의 삶 56
4. 폭풍우가 몰아치던 밤 72

5. 사람을 나르는 배 90
6. 선장 존 뉴턴 108
7. 세관 조사관 124
8. 다시 새로운 시작 140

9. 나 같은 죄인 살리신 주님 156
10. 런던에서의 목회 생활 172
11. 윌리엄 윌버포스 190
12. 마지막 한 해 206

더 생각해 보기 224
보충 설명 232
노예무역 지도 234
기도 방법 236
주간 기도일기 238
존 뉴턴 연대표 244
저자 소개 246

0. 이야기의 시작

제임스James는 온 힘을 다해 축구공을 걷어차 올렸다. 하늘 위로 솟은 공은 그대로 울타리를 지나 맞은편 숲속까지 날아가 버렸다.

"제임스, 너 대단하다!"

옆집 2층 창가에서 한 목소리가 들려왔다. 그곳에는 제임스의 가장 친한 친구인 크리스Chris가 있었다. 제임스는 어깨를 으쓱이며 미소를 지어 보였다.

"언제부터 날 보고 있었던 거야?"

그런데 조금 전까지 2층 창가에 있던 크리스의 모습이 온데간데없었다. 크리스는 이미 제임스가 있는 1층 마당으로 내려오는 중이었다.

"그래서 나를 언제부터 보고 있었던 거야? 내가 공을 벽에 튕겨서 헤딩을 서른네 번이나 했단 말이야. 물론 공은 한 번도 떨어뜨리지 않았지. 그것도 봤어?"

"봤어, 너 진짜 잘하더라. 근데 내가 아마 더 잘할걸?"

마당으로 뛰어나온 크리스는 제임스 곁으로 다가오며 말했다.

"좋아, 어디 한번 해 봐."

"네가 공을 저 멀리 차버렸는데 어떻게 보여주겠어? 대체 공을 왜 저 숲까지 찬 거야?"

크리스는 숲 방향으로 턱을 들어 올리며 말했다.
제임스는 집에서 컴퓨터 게임을 하고 싶었는데, 아빠가 밖에 나가서 신선한 공기를 마시며 뛰어놀다 오라고 했다는 이야기를 굳이 하고 싶지 않았다.
　제임스는 장난스럽게 웃으며 크리스를 향해 소리쳤다.

"공 있는 데까지 뛰는 거다!"

　제임스는 곧바로 숲을 향해 뛰기 시작했고, 크리스도 뒤따라 달려갔다. 곧 두 소년은 큰길 너머에 있는 숲길에 도착했다. 그 길은 두 친구의 작은 은신처로 연결돼 있어서 익숙한 곳이었다.

"공이 어디로 떨어졌는지 봤어? 나는 못 봤는데."

"글쎄 말이야. 나무 아래쪽으로 떨어진 거 같았는데…"

　두 소년은 공을 찾으며 더 깊은 숲으로 들어갔다.

"찾았다! 내가 이겼어!"

　공은 길게 자란 수풀 뒤쪽에 파묻혀 있었다. 공을 먼저 발견한 제임스가 소리치며 공을 집어들어 올렸다.

　나무 밑동을 의자 삼아 앉은 두 소년은 토요일에 있을 축구 경기에 대해 이야기하기 시작했다. 상대 팀은 근방 지역에서 가장 강한 팀이었다.

"우리 팀은 이번 경기에서도 분명히 질 거야."

제임스가 고개를 떨구며 말했다.

"너가 선수로 뛰면 또 모르지. 아까 집 앞에서 본 실력은 대단했다고!"

제임스는 크리스가 자신이 왜 멀리 공을 차버렸는지 궁금해하는 것을 모른 척할 수 없었다. 결국 그는 크리스에게 아까 집에서 일어난 일을 털어놓았다.

"아빠가 컴퓨터 게임을 못 하게 하셔. 가족들 중에 컴퓨터를 쓰는 사람이 없을 때도 말이야. 아빠는 그저 늘 안 된다고만 하셔. 그때마다 지겨운 설교도 같이하시는데, 왜 부모님들이 매일 하시는 말씀 있잖아. '나는 네 나이일 때 밖에서 공을 차면서 놀았다. 너희는 그런 행복한 시간이 없는 거 같구나. 컴퓨터의 노예가 되어 버렸으니.' 뭐, 그런 말씀들 말이야!"

크리스가 그의 말에 끄덕였다.

"우리 아빠랑 똑같은 말씀을 하시네. 근데 나는 컴퓨터 게임을 하고 있다 보면 그 말이 하나도 기억이 안 나."

크리스는 제임스의 기분을 풀어주기 위해 축구공을 들고서 밤나무 아래에 섰다.

"이 나무 기둥은 꽤 울퉁불퉁한데, 여기서 헤딩 서른네 개는 못 하겠지?"

크리스의 말이 맞았다. 제임스는 여덟 개를 겨우 성공할 수 있었다. 공은 울퉁불퉁한 나무 몸통에 부딪혀 여기저기로 튕겨 나갔다.

"돌아가서 네 컴퓨터로 놀까?"

크리스의 물음에 제임스는 고개를 가로저었다. 아빠가 아직 마음을 바꾸지 않았을 것 같았다. 두 소년은 다시 나무 밑동 위에 털썩 앉았다.

"컴퓨터의 노예가 되면 어떤 느낌일까?"

크리스가 질문을 던졌다.

"글쎄, 'Delete'(삭제) 키가 눌러지면 모든 걸 지워야만 하겠지. 반대로 'Insert'(삽입) 키를 누르면 무조건 뭔가 계속 입력해야 할 거야."

제임스는 자신의 말에 웃으며 농담을 하나 더 이어서 했다.

"그리고 또 'Caps Lock'(캡스락) 키에 복종해서 모든 글자를 대문자로만 써야 할 거야."

"맞아, 'Shift'(시프트) 키를 보면 하던 일들을 멈춰야 하지."

"아빠는 키보드에 있는 'Escape'(종료) 키를 바라보며 컴퓨터를 그만하라고 옆에서 잔소리하실 거야."

"그게 네가 컴퓨터의 노예가 아니라는 걸 증명하는 거라고 하자! 컴퓨터의 노예라면, 아빠가 컴퓨터를 그만하라고 하셔도 컴퓨터를 그만둘 수가 없잖아. 주인 되는 컴퓨터가 그만두는 것을 허락하지 않았으니까."

"아빠가 잘도 그렇다고 하시겠다."

제임스가 비꼬며 말하자, 크리스가 궁금해하며 말했다.

"근데 말이야, 진짜 노예가 된다는 건 어떤 삶일까?"

제임스는 생각에 빠진 크리스를 쳐다봤다.

"그럼, 말을 하지 말아봐. 'Pause'(잠시 멈춤) 키를 쓰는 걸 상상하고 있었거든."

"그래. 그런데 말이야, 우리 컴퓨터가 없던 시절의 진짜 노예의 삶에 대해 이야기해 보지 않을래?"

"왜 그래야 하는데?"

제임스가 싫은 티를 내며 말했다.

 "왜냐하면 내가 'Control'(조종) 키를 쓰고 있기 때문이지!"

크리스가 웃으며 말했다.
친구의 농담으로 기분이 좋아진 제임스는 웃으며 대답해 줬다.

"좋아, 네가 이겼다. 노예에 대해 이야기해 보자."

타고난 이야기꾼인 크리스는 친구와 앉은 자리 주변을 둘러봤다.

"자 여기가 아프리카 숲속이라고 생각해 봐. 그리고 우리는 마을을 지키는 사람들이야. 깊고 깊은 숲속에서 이상한 걸 봤다는 소문이 돌고 있지."

"이상한 거라면?"

제임스가 물었다.

"한 번도 본 적 없는 아주 이상한 거지. 넷이 있다는데, 언뜻 보면 흰 원숭이처럼 보이지만 털이 많지 않아."

"어디서 그것들을 봤어?"

제임스는 주변 나무들을 둘러보며 물었다.

"강 하류 쪽에서."

크리스는 자신의 이야기에 점점 빠져들어 대답했다.

"하지만 아직 더 무서운 이야기가 남아있어."

"그게 뭐야?"

"그것들은 원숭이보다 훨씬 똑똑해서 불을 만들 줄도 알고, 불을 사용해서 요리도 한다는 거야. 그런데 알고 보니 그들은 원숭이가 아니라, 바로 흰 피부를 가진 사람이란 걸

알게 됐지."

"엄청 무서운걸!"

제임스는 무서워 몸을 부르르 떠는 시늉을 했다.

"네가 살면서 한 번도 흰 피부를 가진 사람을 본 적이 없다면 더욱 무서울 테지."

크리스는 이야기를 이어가기 위해 일어섰다.

"자, 이 사람들이 이제 네 오른쪽 손과 내 왼쪽 손을 묶어버렸어. 나도 똑같이 묶였지. 그리고 줄 한쪽 끝을 너와 내 목에 감아서 연결시켰어."

"왜 그런 짓을 하는 거지? 그저 우리를 노예로 부릴 거라면 우리 목을 감을 필요가 없잖아."

"우리를 꽁꽁 묶어서 도망가지 못하게 하려는 거야. 자, 이제 그들은 우리를 사람들이 모여 있는 곳으로 끌고 갔어."

"거기에 우리가 아는 사람들도 있을까?"

제임스가 묻자, 크리스는 주위를 둘러보는 시늉을 하며 말했다.

"아니. 아는 사람은 아무도 없어. 우리가 쓰는 말을 하는 사람도 없어. 우리에게 무슨 일이 일어나고 있는지, 앞으로 무슨 일이 일어나게 될지 전혀 상상도 할 수 없어. 우리는 친구와 가족들을 다시는 볼 수 없게 될 거야. 그리고 우리에게 허락된 음식은 나무뿌리, 나뭇잎, 밤, 도토리 같은 것들뿐이야."

크리스는 점점 더 이야기의 깊이를 더해 갔다.

"그런 다음에 우리는 처음 보는 사람들과 묶여서 걷고 또 걸어야 했어. 바닷가에 다다를 때까지 끝없이 걸어야 했지. 그다음에 우리는 해변에 정착해 있던 배 안 깊은 곳에 짐짝처럼 던져졌어. 우리는 이제 우리의 고향 아프리카에 다시는 돌아올 수 없을 거야. 그렇게 배는 바다를 향해 나아가. 이제껏 본 적도 없는 바다에서 우리는 어디로 가는지도 모른 채 두려움에 떨고 있어."

두 소년은 죽은 듯 조용해졌고, 나무 아래에 있는 축구공만 바라봤다. 누군가 다가오는 소리가 들렸지만, 그들의 귀에는 아무것도 들리지 않았다.
그때 한 익숙한 목소리가 들려왔다.

"제임스! 크리스! 내 말 들리니?"

"아빠다!"

제임스는 사람들을 마구 잡아가는 이야기 속 무서운 사람이 아님에 안도의 한숨을 내쉬었다.

"너희들을 엄청 찾아다녔단다. 여기에 있어서 정말로 다행이구나."

두 소년은 조용히 서로 눈을 마주쳤다. 제임스의 아빠는 계속 말을 이어갔다.

"제임스, 내가 밖에 나가서 놀라고 한 건 이렇게 늦은 시간까지 밖에 있으라는 이야기가 아니었단다."

제임스는 순간 배고픔을 느꼈다.

"나무뿌리, 나뭇잎, 도토리 같은 열매가 우리 저녁은 아니죠?"

난데없는 말에 아빠가 크리스를 쳐다봤다.

"크리스, 너희 부모님이 언제부터 채식주의자가 되셨냐?"

크리스와 제임스는 그 말에 숨도 제대로 못 쉴 만큼 웃어댔다.

****

"이따가 우리집으로 올 거지?"

제임스가 집 앞에서 크리스와 헤어지며 물었다.
크리스는 조심스레 제임스의 이삐를 쳐다봤다.

"알았다, 이 녀석들아. 둘 다 충분히 바깥 공기도 쐬고 운동도 했으니 오늘 저녁에는 컴퓨터를 갖고 놀아도 좋다."

"놀아도 좋다고요?"

제임스는 아빠의 말에 억울하다는 듯이 대꾸했다.

"우리는 놀려는 게 아니에요. 컴퓨터로 조사할 게 있다고요."

제임스는 친구에게 눈을 찡끗 윙크하며 말했다.
이에 크리스도 고개를 끄덕이며 이야기했다.

"맞아요, 역사에 관한 조사죠. 아마 18세기가 되겠네요."

제임스의 아빠는 더 이상 잔소리를 하지 않는 것이 좋겠다고 생각했다.
한 시간이 지났다. 제임스 집의 현관 벨이 울렸다.

"크리스가 왔나 보구나."

아빠의 말에, 제임스는 뛰어나가 친구를 맞이했다.

"아빠, 컴퓨터 써도 되나요?"

제임스가 아빠에게 물었다.

"그래, 하지만 너무 오래 게임하면 안 된다."

"게임하려는 거 아니라니까요, 아저씨. 정말 노예제도에 대해 조사하려는 거예요."

"학교 숙제니?"

"아뇨. 그냥 우리가 궁금해져서요."

"갑자기 그게 왜 궁금해졌니?"

아빠의 물음에 제임스는 웃었다.

"아빠가 오늘 오후에 말씀하신 거 때문이에요."

아이들은 얼른 컴퓨터로 향했다. 아빠는 신문을 집어 들며 곰곰이 생각해 봤다.

"노예라… 내가 언제 그런 말을 했지?"

제임스와 크리스는 자신들이 찾은 '노예제도'에 관한 자료에 점점 더 빠져들고 있었다.

"이것 좀 봐."

제임스가 컴퓨터를 끄려고 할 때, 크리스가 말했다.

"여기 십 대들을 위한 책이 있네. 노예상인 출신 '존 뉴턴' John Newton이라는 사람에 관한 책이래."

"아빠한테 사 달라고 해야겠다."

"노예의 삶이 어떤 것인지, 또 노예제도가 무엇인지. 아마 이 존 뉴턴이라는 사람을 통해 알 수 있을 거야."

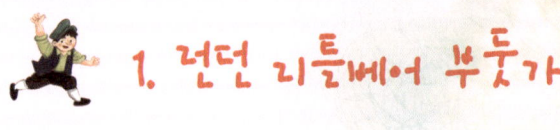
1. 런던 리틀베어 부둣가

런던의 리틀베어 Little Bear 부둣가 골목 어귀에는 웅장하고 화려한 건물이 서 있었다. 그 큰 건물 전체가 선원들에게 필요한 물건과 음식을 팔고 있는 상점이었다. 상점 건물 옆 골목에는 밧줄 꾸러미가 어른 키 높이만큼 쌓여있었다. 낡고 해진 옷차림을 한 소년들이 그 밧줄 더미 위에 걸터앉아 자기들만의 놀이를 하고 있었다. 그들의 놀이는 꽤 짓궂은 장난이었다. 골목 끝에서 한 명이 망을 보다 휘파람으로 신호를 보내면, 사람들 틈으로 소년들이 달려 나가며 소리를 지르는 것이었다.

그때 망을 보고 있던 한 소년이 소리쳤다.

"모두 여기 좀 보세요! 꼬마 신사분이 지나가고 계십니다!"

장난꾸러기 소년들은 지나가는 그 어린 남자아이가 누군지 너무 잘 알고 있었다. 바로 뉴턴 선장의 하나밖에 없는 아들인 존 뉴턴이었다. 그들에게 존은 세상에서 가장 재미있는 놀림거리였다.

어린 존은 애써 소년들을 무시하며 골목 끝으로 시선을 둔 채 곧장 걸었다. 그는 스스로가 너무 바보처럼 느껴졌다. 그 무리에 끼어 함께 놀 수만 있다면 자신이 입고 있는 값비싼 옷을 그들의 누더기와 바꿀 마음도 있었다. 친구들과 함께 뒤엉켜 밧줄 더미를 뛰어넘어 다니고, 물건을 구경하는 선원들의 등을 몰래 치고 도망가기도 하면서 그들과 함께 런던의 부둣가를 누비고 싶었다.

존은 런던탑의 성벽 위에서 한 선원에게 쫓기고 있는 소년들을 쳐다보고 있었다. 그들을 보고 있으니 꼬마 신사처럼 차려입은 자신이 그저 싫기만 했다.

"대체 나는 왜 이렇게 한심해 보이는 옷을 입은 거지? 굳이 이렇게 장식을 주렁주렁 달고 다녀야 하는 건가? 게다가 이 끔찍한 구두는 뭐람. 구두 때문에 발바닥이 얼마나 아픈데. 이 조끼와 코트도 너무 싫어. 이 옷차림은 꼭 늙은이 같잖아. 나도 다른 애들처럼 입고 싶은데."

순간 존은 자신도 모르게 자기 생각을 큰 목소리로 말하고 있다는 것을 깨달았다.

"꼬마 신사분께서 뭐가 부족해 우리처럼 되고 싶을까?"

소년들 중 한 명이 존을 향해 말했다. 그들은 존이 말하는 것을 모두 듣고 있었다. 존의 얼굴은 순식간에 새빨개졌다. 그들이 따라오며 계속 같은 질문을 하자, 존은 고개를 숙인 채 자리에 섰다.

"이런 옷을 입고는 마음껏 달리고 놀 수 없으니까. 그리고 난 너희들 같은 친구가 없어."

몇몇 소년들은 존의 교양 있는 말투에 킥킥 대면서 웃었다.

"너는 선장 아들이잖아. 다른 선장들의 애들이랑 놀아."

"아니, 다른 선장님들한테는 같이 놀만한 애들이 없는걸."

"그럼 너는 누구랑 놀아?"

"나는 딱히 놀아본 적이 없어. 어떻게 놀아야 하는지도 몰라."

소년들은 서로 눈빛을 주고받은 후 골목 안쪽으로 사라졌다. 존은 그들의 뒷모습을 보고 멍하니 서 있다가 런던탑 방향으로 걸음을 돌렸다.

"휘익! 휘익!"

존은 어디선가 들리는 휘파람 소리에 뒤를 돌아봤다.

"이봐, 꼬마 신사. 오늘 하루는 우리 무리에 끼워줄게. 대신 지금 입고 있는 그 비싼 옷은 어디 숨겨야 할 거야. 그 차림새로는 돌아다닐 수 없다고."

소년들의 말에 존은 바로 거추장스러운 겉옷과 발바닥을 아프게 하던 구두를 벗어서 밧줄 꾸러미 방향으로 던졌다. 존은 그 소년들처럼 보이기 위해 깔끔하게 빗어 넘긴 머리도 마구 헝클어뜨렸다. 그날은 존 뉴턴에게 새로운 세상이 열리는 날이었다.

✳✳✳✳

존은 어려서부터 이곳 런던의 부둣가에서 살아왔다. 하지만 그날 존이 본 것들은 지난 6년 동안 보고 배운 것보다 훨씬 다양했다. 그는 어머니에게 자신의 경험담을 모두 이야기해 주고 싶었다. 어머니에게 물어보고 싶은 것도 많았다.

오후 세 시 무렵, 존은 숨겨둔 옷을 꺼내 입고 다시 꼬마 신사로 돌아갔다. 물론 평소보다 조금은 지저분한 모습이었다. 존이 집에 도착했을 때, 어머니는 침대에 누워 계셨다. 어머니의 기침 소리가 방 밖으로 계속 들려왔다. 존은 손과 얼굴을 깨끗이 씻은 후 문을 두드렸다.

"들어오세요."

가녀린 목소리가 들려왔다.

"어머니, 오늘은 좀 어떠세요?"

존의 눈에 보이는 어머니의 얼굴은 더없이 창백해 있있다. 어머니는 베개에 몸을 기대어 누우며 온화한 목소리로 말했다.

"조용한 하루를 보냈단다. 계속 잠이 들었더니 하루가 굉장히 빠르게 지나갔지. 너는 오늘 무엇을 하며 지냈니?"

존은 사랑하는 어머니에게 거짓말을 하고 싶지 않았다. 하지만 걱정시켜 드리고 싶지도 않았다. 잠시 고민하던 존은 낮에 있었던 모험담을 이야기하기 시작했다.

"오늘 런던탑 아래쪽 리틀베어 부둣가를 다녀왔어요. 그곳에서 몇 명의 소년들을 만났는데, 그 친구들과 지금껏 놀다가 왔어요."

"좋은 친구들이었니?"

이야기를 듣던 어머니가 걱정하며 물었다.

"제게 정말 잘해 줬어요. 그리고 제가 그동안 보지 못했던 것과 알지 못했던 것을 많이 가르쳐 줬어요."

존은 매우 신나 했다. 그의 모습에 어머니는 안심하며 다시 질문했다.

"다행이구나. 그래, 그 친구들에게서 무엇을 배웠니?"

존은 선뜻 대답하기가 망설여졌다. 하지만 무슨 이유에서인지 오늘 겪은 일들만큼은 어머니께 이야기해야겠다는 생각이 들었다.

"골목 앞에 선원 아저씨들이 가는 상점이 있었어요. 그 주변에 처음 보는 신기한 물건이 많이 쌓여있었고요. 그리고 작은 쇠고리들이 달린 목걸이들이 엄청 쌓여 있었어요. 그 목걸이들은 노예들 목에 걸려 있던 거와 같았어요."

존의 어머니는 한숨을 쉬었다. 오늘 어린 아들이 본 것들이 얼마나 무서운 것들인지 충분히 상상됐기 때문이다. 하지만 초롱초롱한 눈을 한 아들의 말을 끊을 수 없어 대화를 나누기로 했다.

"왜 그들의 목에 그런 목걸이가 걸려 있는 걸까?"

어머니의 침대 옆에 서 있던 존은 신발을 벗고 어머니 품으로 파고들며 말했다.

"그건요, 그 작은 쇠고리들로 배에 노예들을 묶어두기 위해서래요. 친구들이 알려줬어요."

존의 대답을 들은 어머니는 몸을 흠칫 떨며 말했다.

"네가 세상에 그런 무서운 것들이 있다는 걸 몰랐으면 했단다. 하지만 엄마가 영원히 네 옆에서 너를 보호하고 지켜줄 수는 없겠지."

존은 갑자기 벌떡 몸을 일으켰다.

"어머니 어디 가세요? 어디로 가시는데요?"

어머니는 웃으며 고개를 가로저었다.

"이렇게 약한 내가 어디를 가겠니. 엄마는 집 앞에 있는 바닷가에 가는 건 물론 이 침대도 벗어날 수도 없는걸."

그날 밤, 존은 침대에 누워 낮에 겪은 일들을 떠올렸다. 전에 본 적이 없던 새로운 세상을 생각하니 흥분돼서 입꼬리가 자꾸만 올라갔다. 그러다 어머니가 하신 말씀이 무슨 뜻인지 궁금해하다가 잠이 들었다.

다음 날 아침, 어머니는 전날보다 한결 기운이 나는 듯했다. 침대에서 일어나 존에게 공부를 시킬 만큼 건강이 회복된 듯했다.

"똑똑한 내 아들, 이제 라틴어를 배울 때가 된 거 같구나. 다른 언어를 배울 준비가 됐니?"

존은 공부해야 할 생각에 억지로 미소를 지었다.

"네, 아마도 그런 거 같아요. 어머니, 제가 일곱 살이 되면 라틴어로 사람들과 대화할 수 있을까요?"

존의 질문에 어머니는 웃으며 답했다.

"아쉽지만 그건 어려울 거야. 라틴어는 아주 오래전에 쓰인 말이란다. 라틴어를 배우는 이유는 누군가와 대화하기 위해서가 아니고, 옛 책들을 읽기 위해서거든. 특히 오래전부터 교회에서 보던 책들은 대부분 라틴어로 쓰여 있지."

존은 어머니의 설명이 잘 이해가 가지 않았다.

"제가 영어를 읽기 시작한 건 언제였어요?"

"글쎄다. 기억은 나지 않지만, 네가 네 살쯤 됐을 때 이미 어려운 단어를 빼고는 곧잘 책을 읽었지."

존은 잠시 생각한 뒤 말했다.

"그럼, 라틴어를 배울 때가 된 거 같아요. 너무 오랫동안 영어만 배운 거 같거든요."

*****

얼마 뒤, 데이비드 제닝스David Jennings 목사님이 존의 집에 방문했다.

"우리 꼬마 존은 어떻게 지내나요?"

"참 영리한 아이랍니다. 뭐든지 빨리 배워요. 그게 좋은 거든 나쁜 거든, 상관없이 말이에요."

데이비드 목사님은 어머니의 말을 곧바로 이해하지 못하는 것 같았다. 어머니는 며칠 전에 존이 노예와 관련해 말한 것과 라틴어를 배우는 것에 대해 이야기했다.

"라틴어를 배우기에 너무 어린 나이가 아닐까요? 물론 여섯 살짜리 꼬마에게 노예무역의 현장을 보게 한 세상도 너무 가혹하지만요."

"목사님. 저는 병을 앓고 있는 사람이에요. 아마 존이 크는 모습을 다 못 볼지도 몰라요. 하지만 저는 존이 목사님이 됐으면 해요. 그래서 빠른 줄은 알지만 라틴어도 가르치기 시작한 거죠. 제가 살아서 할 수 있는 한 모든 걸 가르칠 거예요."

데이비드 목사님은 어머니의 단호한 표정을 보며 말했다.

"아이에게 무엇을 가르치시던, 꼭 성경을 읽게 하세요."

데이비드 목사님은 존을 위해 어머니와 기도를 한 후 자리에서 일어났다. 집으로 돌아가는 목사님은 존의 다음 생일까지 그녀가 살아있다면, 그것은 기적일 것이라 생각했다.

****

어느 이른 아침, 존의 아버지가 집 밖에서 존을 불렀다.

"존, 일어나! 옷 입고 빨리 밖으로 나오거라."

창문 밖에서 들리는 큰 소리에 존은 벌떡 일어났다. 그는 쏜살같이 옷을 갈아입고 집 밖으로 뛰어나갔다.

아버지는 배 위에 서 있는 사람마냥 휘청거리며 걸었다. 마치 런던 거리가 거센 바람에 흔들리는 것만 같았다. 존과 아버지는 사람들로 가득한 거리를 따라 항구로 향했다.

"좋은 아침입니다, 뉴턴 선장님."

지나가던 사람들은 아버지에게 반갑게 인사를 했다. 존에게 이 모습은 꽤 충격이었다. 평소 그는 거리에서 자신에게 웃으며 말을 거는 사람들을 본 적이 없었다.

존은 옆에서 걷고 있는 아버지를 슬쩍 올려다봤다. 아버지는 삼각형으로 생긴 모자를 쓰고 은 단추를 단 밝은 색깔의 멋진 코트를 입고 있었다. 은장식은 신발에도 커다랗게 달려 있었다. 사람들이 아버지에게 인사를 하는 것은 아버지를 좋아해서가 아니라 아버지가 입은 저 멋진 옷들 때문이라는 생각이 들었다. 조금 전 아버지에게 인사를 건네던 사람들이 돌아서서 자기들끼리 히죽거리며 고개를 까딱거리는 모습을 보며, 존은 자신의 생각이 맞다고 확신했다.

 아버지가 가던 길을 멈추고 두 명의 선원과 이야기를 나누기 시작했다. 옆에서 유심히 듣고 있던 존은 아버지가 영어가 아닌 다른 언어를 쓰고 있음을 깨달았다. 세 사람의 말은 너무 빨라 존에게는 그저 자갈돌 굴러가는 소리와 같았다.

"아버지, 방금 라틴어로 이야기하신 건가요?"

 아버지가 선원들과 헤어지자마자, 존은 물었다.
 아버지는 존의 말에 코웃음을 쳤다.

"뭐라고? 라틴어? 바보 같은 소리! 스페인어란다. 스페인어는 많은 사람이 실제로 대화할 때 쓰는 말이니 아주 쓸모 있는 언어지. 나는 네게 라틴어를 가르치겠다는 네 어머니를 이해할 수가 없구나. 너는 목사님이 아니라 이 아버지처럼 배를 타고 넓은 바다를 누비며 살아야 해. 그리고 배를 타는 사람들은 대부분 스페인어를 하니까 너도 배워야지. 네 어머니에게 라틴어를 배우는 것보다 스페인어를 배우는 게 훨씬 세상 살아가는 데 도움이 될 거다."

존은 무언가 말을 하려고 입을 열었다가 이내 관뒀다. 자신이 하려는 말이 아버지의 기분을 상하게 할 것이 분명했기 때문이다.

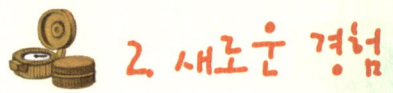 ## 2. 새로운 경험

늦은 밤, 침대에 누운 존은 부모님 방에서 들려오는 소리 때문에 쉽사리 잠에 들 수가 없었다. 아버지가 어머니에게 하는 이야기는 어린 존에게 무섭게만 들렸다. 그리고 아버지의 그 큰 목소리보다 더 크게 들리는 어머니의 기침 소리는 더 무서웠다.

"당신, 더 이상 이런 상태로 지낼 수는 없소. 당신을 돌봐 줄 사람도 없고, 저 어린 존은 당신한테 짐만 될 뿐이오."

아버지의 말에 존의 몸이 떨렸다. 아버지의 말을 끝으로 옆 방에서는 더 이상 아무 소리가 들리지 않았다. 존은 어머니가 가녀린 목소리로 무언가 말하고 있음을 느꼈다. 그는 어머니가 이야기하는 것을 듣기 위해 침대에서 일어나 벽에 귀를 가져다 댔다.

"카틀렛Cartlett 부인에게 연락해 볼게요. 그녀가 자신의 집에서 쉬라고 한 적이 있어요."

"카틀렛 부인에게도 쉽지 않은 일일 것이오. 그래도 여기서 지내는 것보다 훨씬 낫겠지."

"아마도요."

존은 부모님 사이에 오가는 말들을 다 이해할 수 없었다. 물론 존은 최근 들어 어머니가 점점 침대에 누워 지내는 날이 많아지고 기침 소리가 심해지는 것을 느끼고 있었다. 하지만 어머니가 얼마나 아픈지는 몰랐다.

****

며칠 뒤, 어머니는 온몸에 담요를 두르고 마차에 탔다. 카틀렛 부인이 있는 채튼햄Chatham으로 요양하러 가기로 한 것이다. 그 시간에 존은 머리끝까지 이불을 덮고 침대에 누워 있었다. 지금 어머니와 인사를 하고 나면 더 이상 어머니를 볼 수 없을 것만 같았기 때문이다.

얼마 후에 어머니로부터 편지가 왔다. 존은 편지를 받자마자 방으로 뛰어갔다. 그리고 큰 소리로 어머니의 편지를 읽어 나갔다.

사랑하는 아들, 존에게

우리 아들이 어른들 말씀을 잘 듣는 착한 아들로 잘 지내고 있기를 바란다. 엄마는 여기서 카틀렛 부인의 도움을 많이 받고 있어. 엄마가 있는 방은 늘 따뜻할 수 있도록 창문을 모두 가려서 낮에도 캄캄하지. 바깥 공기가 새어 들어오는 틈새도 모두 막아 놓았어. 글쎄, 열쇠 구멍마저도 천 쪼가리로 틀어막아 두었지 뭐니. 또 카틀렛 부인은 내 건강에 좋다는 음식이라면 가리지 않고 해 주고 있어. 얼마 전에는 달팽이 수프를 해 줬단다. 사실 그 수프는 도저히 먹을 수 없는 맛이었어. 하지만 몸에 좋다고 해서 참고 먹었지. 그리고 엄마는 쓰디쓴 약들도 열심히 먹고 있단다. 입에 쓴 만큼 병을 낫는 데도 도움이 될 거라 여기며 억지로 먹고 있어. 여전히 기침 소리는 나아지지 않고 있지만, 이렇게 좋은 음식과 약을 챙겨 먹고 있으니 곧 나아지리라 생각한다. 존, 엄마는 언제나 너를 위해 기도하고 있단다. 너는 엄마가 너무나도 사랑하는 착한 아이란 것을 늘 기억해 주렴. 그리고 엄마가 하나님에 대해 가르쳐 준 모든 것을 늘 가슴속에 새겨 놓으렴.

하나님의 은혜가 늘 너와 함께하기를 바란다.

사랑하는 엄마가

존은 어머니의 편지를 읽으며, 열쇠 구멍까지 막아 둔 어두운 방 안에서 달팽이 수프를 먹는 자신의 모습을 상상해 보며 이상한 표정을 지었다. 하지만 어머니가 편지 마지막 부분에 쓴 하나님에 대해 가르쳐 준 것들을 기억해 달라는 말은 꼭 어머니의 마지막 작별 인사처럼 느껴졌다. 그리고 그 말은 정말 어머니의 마지막 유언이 됐다. 어머니는 존이 일곱 살 생일을 맞이하기 전에 세상을 떠났다.

****

　어머니가 돌아가신 후, 존의 삶은 전혀 다른 방향으로 흘러갔다. 큰 배의 선장인 아버지는 먼 바다로 항해하기 위해 오랜 시간 집을 비우게 됐다. 그동안 집에 홀로 남겨진 존에게 누구 하나 잔소리하거나 관심을 가져주지 않았다.

　존이 가장 먼저 내팽개친 것은 라틴어 공부였다. 존은 그저 어머니를 기쁘게 해 드리려고 라틴어를 배웠었다. 이제 그에게 더 이상 라틴어를 공부할 이유가 없었다.

　존은 그렇게 남은 시간을 부둣가에 앉아 항구의 배들이 짐을 내리고 싣는 것을 하염없이 바라보며 지냈다. 그는 자연스레 항구에 있는 그 많은 배가 어디에서 오고 가는지, 또 무엇을 싣고 내리는지를 알게 됐다. 어떤 배들은 수많은 상자 안에 차(茶), 양털, 가죽, 육포와 같은 물건들을 잔뜩 실어 왔다. 구리와 같은 금속들을 싣고 오는 배들도 있었다. 남쪽 스페인에서 오는 배들은 오렌지, 코르크 같은 것을 갖고 오기도 했다. 그보다 훨씬 더 먼 동쪽 나라에서 오는 배에는 말린 과일, 향신료와 같이 런던에서 볼 수 없는 것들이 가득했다.

　존에게 뱃사람들은 정말 좋은 구경감이었다. 그는 항구에 앉아 그들이 어느 나라 사람인지 맞혀 보기도 했다. 키가 크고 피부가 하얀 사람들은 대부분 북쪽 스칸디나비아 지역에서 온 사람들이었다. 짧고 검은 머리카락을 가진 사람들은 브라질, 멕시코, 쿠바, 칠레와 같이 남쪽 나라에서 온 사람들이었다. 필리핀과 같이 먼 남동쪽에서 온 사람들도 그러했다. 존은 그렇게 홀로 앉아 이런저런 풍경을 바라보며 시간을 보냈다.

✳✳✳✳

누구의 간섭도 없이 자유를 즐기던 시간은 아버지가 항해를 마치고 집으로 돌아옴과 동시에 끝이 났다. 정신을 차려보니 존은 어느새 아버지와 마차에 탄 채 런던을 벗어나고 있었다. 여덟 살이 된 소년에게 살던 곳을 떠나 새로운 곳으로 가는 것은 마냥 신나는 일이었다. 마차는 계속 달려 올드게이트Aldgate 시장을 지나쳤다.  마차는 동쪽을 향해 더 달려 와핑Wapping과 스테프니Stepney 지역도 지나쳤다.

"이다음은 어디를 가나요?"

"세상의 끝World's End으로."

아버지는 존의 물음에 귀찮아하며 대답했다.

존은 순간 자신이 잘못 들은 줄 알고 다시 물었다.

"네? 어디를 간다고요?"

"우리가 갈 다음 장소는 세상의 끝이라고."

존은 세상의 끝이 자신이 살던 런던에서 이렇게 가까운 곳인 줄 몰랐다. 사실 세상의 끝이란, 아버지와 친구분들이 도시의 끝자락을 부르던 별명이었다.

****

마차가 조금 더 달린 후 에이버리Averly라는 한 마을 입구에 들어섰다. 그런데 그곳에서 이상한 일이 벌어졌다. 마을 사람들이 아버지를 알아보고 손을 흔들며 반갑게 인사를 했다.

'저 사람들은 누구지? 아버지를 어떻게 아는 거지?'

이상한 일은 그뿐만이 아니었다. 마차가 어느 집 앞에 멈춰섰고, 아버지는 존을 데리고 그 집 안으로 들어갔다. 그곳에는 존이 한 번도 만나본 적 없는 사람들이 있었다. 아버지는 그들 중 그 집 사람들의 딸로 보이는 사람을 소개하며 존의 새어머니가 될 것이라고 전했다.

며칠 뒤, 존의 아버지는 재혼을 했다. 새어머니는 존을 친아들같이 챙기고 보살피려고 노력하는 듯 보였다. 하지만 아버지의 결혼식이 끝난 후에 존은 바로 기숙학교로 보내졌다.

****

"존, 네 머리는 텅텅 비어 있는 거 아니냐?"

교장선생님은 매일 존을 보며 꾸짖었다. 존은 하도 많이 혼나서 정말 자기 머리가 텅텅 비어 있는 것은 아닌지 의심이 들 지경이었다.

'대체 뭐가 문제일까? 교실 밖에서는 시간표도 잘 기억하고, 산수도 잘하는데…. 왜 선생님이 물어보실 때마다 머릿속이 새하얘지지?'

존은 반에서 늘 꼴찌를 했다. 아무리 고민을 해도 도저히 알 수 없는 일이었다.

존은 이따금 늦은 밤에 침대에 누우면 어머니와 보냈던 시간이 떠올랐다. 자상하게 가르쳐주시던 어머니의 목소리, 어머니와 함께 읽던 책, 그리고 함께 이야기를 나누고 행복하게 웃던 시간은 먼 기억으로만 남아 있었다. 어머니와 함께 있을 때의 존은 책 읽는 것이 세상에서 가장 즐거웠다. 하지만 지금의 존은 책을 읽는 것이 괴롭기만 했다. 선생님의 질문에 답을 하지 못할까 봐 불안감은 점점 커졌다. 런던의 아늑한 집에서 행복하게 살았던 소년 존은 이제 학교의 문제아가 되어 있었다.

존은 종종 어머니가 카틀렛 부인 집에서 보낸 마지막 편지를 떠올렸다. 그리고 마음속으로 어머니에게 학교생활 이야기를 담은 답장을 쓰다가 잠이 들곤 했다. 존의 마음속 편지는 대부분 이렇게 시작했다.

'수업은 아침 6시에 시작해요. 수업이 시작되기 30분 전에 아침 식사를 하고, 12시까지 수업을 하죠. 물론 오후에도 두세 시간 정도 더 공부를 해요. 음식은 정말 맛이 없고 양도 적어요. 그래서 매일 모든 친구가 배고파해요.'

마음속 편지의 끝은 '어머니가 계신 집이 너무 그립고 그곳으로 돌아가고 싶다'라는 말이었다.

방학은 짧았지만, 존이 아홉 살이 되던 해의 여름방학은 바다에서 시간을 보낼 수 있었다. 방학이 끝나면 학교로 돌아가야만 하는 현실이 너무나도 괴로웠다. 그런데 다행히 방학 동안 그 무시무시하던 교장선생님이 다른 곳으로 가고, 새로운 교장선생님이 와 있었다.

"존, 라틴어를 배워본 적이 있니?"

어느 날, 새로 온 교장선생님이 존에게 물었다.

"어머니가 조금 가르쳐 주셨어요. 하지만 거의 다 잊어버린 거 같아요."

존의 말에 새 교장선생님이 웃었다.

"그렇다면, 너의 머릿속 깊은 어딘가에 라틴어에 대한 기억이 숨어 있을 거다. 우리 어디 한번 그 배운 것들을 다 찾아내 볼까? 그리고 거기에 조금씩 새로운 단어들을 더해 보기로 하

자. 라틴어는 참 재미있는 언어란다. 네가 잘 배운다면 옛날 전쟁이야기도 다 읽을 수 있을 거야."

존의 2학년 생활은 1학년 때와 많이 달라졌다. 존은 좋은 성적으로 2학년을 마칠 수 있었다. 특히 라틴어 성적은 학교에서 가장 우수했다. 그리고 다음 해, 존은 열 살이 되면서 학교를 그만두고 다시 돌아가지 않았다.

****

존은 학교를 떠나 새로운 집이 있는 에어버리 마을로 돌아왔다. 그 사이에 새어머니는 존의 이복동생인 윌리엄William을 낳았다. 존은 동생이 생긴 것이 그리 기쁘지 않았다. 아버지가 새어머니와 윌리엄에게만 관심을 쏟았기 때문이다. 존은 아버지가 자신의 존재를 알아주기를 바랐다.

그해 가을이었다. 동네 소년 몇 명이 존을 찾아왔다.

"우리랑 같이 밤 주우러 갈래?"

존은 동네 소년들과 함께 뒷산에 올라가 밤을 따러 다녔다. 오랜만에 느끼는 행복한 하루였다.

"학교를 졸업하면 뭐 할 거야?"

친구들 중 한 명이 존에게 물었다.

"난 이미 학교를 그만뒀어. 아마 우리 아버지처럼 배를 타겠지?"

이번에는 빨간 머리를 한 소년이 물었다.

"너희 아버지는 주로 어디에 가셔?"

"지중해 쪽으로 항해를 하시지."

"거기에 뭐가 있는데?"

"영국에서 만든 옷감을 갖고 가시는 거야. 스페인, 프랑스, 이탈리아의 여자들이 영국 옷감으로 옷을 만들어 입는 걸 좋아한대."

"그럼 너희 아버지는 거기서 뭘 또 갖고 오셔?"

존은 그 질문에 활짝 웃으며 답했다.

"옷감을 팔러 가신 그 나라에서 만든 옷을 사서 돌아오셔. 영국 여자들은 다른 나라에서 만든 드레스를 좋아한대."

존의 대답에 소년들은 일제히 웃음을 터뜨렸다.

"그러니까 다른 나라 여자들이 영국 옷감을 좋아해서 그걸 사서 드레스를 만들고, 영국 여자들은 그 드레스를 입고 싶어 해서 그 나라에서 만든 드레스를 산다는 거야?"

친구들의 웃음에 존은 처음으로 아버지가 하시는 일이 모순적이라는 생각이 들었다.

"맞아. 생각해 보면 앞뒤가 안 맞는 일 같지만, 나도 아마 그 일을 하게 될 거야."

✶✶✶✶

그해 가을과 겨울을 보내며 존은 에이버리 마을이 마음에 쏙 들기 시작했다. 도시인 런던에서 자라온 존에게 한적한 시골인 에이버리는 신기하고 새로운 모험 거리가 가득한 곳이었다. 가을에는 종종 숲속으로 놀러가 밤을 줍거나 나무 열매를 따오기도 했다. 겨울에는 새들이 따뜻한 남쪽으로 날아가는 모습을 하염없이 바라볼 수 있었다. 까마귀 떼가 앉은 나무 아래에 가만히 서서 까마귀들이 우는 소리를 듣기도 했다. 어두운 밤에 홀로 밖에 나가 앉아 있으면, 다람쥐나 토끼들이 쿵쿵거리는 소리를 들을 수도 있었다.

'어떻게 저런 소리를 낼 수 있는 거지? 꼭 동생 윌리엄이 코를 쿵쿵거릴 때 내는 소리 같잖아.'

존은 한적한 시골에서 맞는 이른 아침의 상쾌함을 무척 좋아했다. 특히 봄철 아침이면 새들이 예쁜 소리로 지저귀는 것을 들을 수 있었다.

"존, 이제 이 시골에 대해 우리만큼 잘 아네? 에이버리에 살면서 농사를 지으며 살아도 되겠어."

친구들의 말처럼 이곳에서의 삶은 즐거울 것 같았다. 버드

나무 가지를 모아 울타리를 만들고, 농사하는 것을 배우고, 가축을 키우며 살아가는 것도 좋을 것 같았다. 하지만 존은 자신의 길이 이미 정해져 있음을 너무 잘 알고 있었다. 배를 이끄는 선장의 아들인 존은 언젠가 아버지처럼 바다를 누비며 살아갈 것이 뻔했다.

그리고 그날은 생각보다 빨리 찾아왔다. 존의 열한 번째 생일날, 처음으로 아버지가 이끄는 배를 타고 선원으로서 일을 하기 시작했다. 첫 항해를 앞둔 어린 소년은 갑판 위에 서서 돛이 바람에 나부끼는 것을 바라봤다. 조금 뒤, 배가 항구를 떠나 바다를 향해 천천히 움직이는 것이 느껴졌다. 점점 먼 바다로 갈수록 파도가 배의 옆면에 와 부딪히는 소리가 들렸다. 난생처음 영국을 떠나는 것이었지만, 영국과 멀어지는 모습을 볼 시간조차 허락되지 않았다. 배 안에서 존이 해야 할 일이 산더미처럼 쌓여 있었기 때문이다.

"아버지, 저는 아래 선실에서 다른 선원들이랑 잘게요."

존은 첫날 일과를 마친 후에 아버지가 계신 곳으로 갔다. 그리고 다른 선원들과 같이 지내게 해 달라고 요청했다. 그러자 아버지는 기가 찬 표정으로 대꾸했다.

"너는 내 아들이다. 내 방에서 자고 식사도 나와 함께할 거다. 다른 녀석들과 같이 허드렛일을 하고 있지만, 넌 선장의 아들이야. 그걸 잊어서는 안 돼."

존은 자신이 누구의 아들인지는 잊고 싶어도 잊을 수가 없었다. 존은 아무리 다른 선원들과 어울려 지내려고 노력해도 어디에서든 선장의 아들로 대우를 받았다. 함께 일하는 또래 친구들과도 사이좋게 잘 지냈지만 마음을 터놓는 친구는 없었다. 그렇게 존의 첫 번째 항해는 신나는 모험이지만 한편으로는 아주 외로운 시간으로 기억에 남았다.

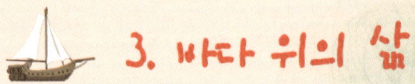

3. 바다 위의 삶

　존은 선원들의 이야기를 듣는 것이 좋았다. 그들이 하는 말을 전부 알아들을 수는 없었지만, 대부분 매우 거칠고 한 번도 들어본 적 없는 말들이 많았다. 그 말들은 본능적으로 따라 해서는 안 된다고 생각하게 만들었다. 따라 했다가는 아버지에게 흠씬 두들겨 맞을 것이 분명했다. 존은 마음속으로 '절대 쓰지 말아야 할 말들'이라는 목록을 만들었다. 그리고 아버지 앞에서는 그 말들을 절대 쓰지 않겠다고 다짐했다.

　사실 선원들의 이야기가 모두 재미있지는 않았다. 어떤 말들은 듣기에 거북하고 언짢았다. 특히 '하나님'에 대해 말할 때가 그랬다. 존의 어머니는 하나님과 예수님에 대해 전할 때면, 늘 사랑과 존경을 담아 이야기했다. 하지만 선원들은 하나님의 이름을 아무렇게나 내뱉으며 험한 욕을 해댔다. 존은 그런 말들을 들을 때마다 어머니가 너무 그리워졌다.

"하늘에 계신 우리 아버지, 제 기도를 들어주세요."

존은 매일 밤 아버지의 방으로 향하기 전에 이처럼 기도를 시작했다. 어머니가 가르쳐 주신 기도문을 기억해 내려고 애썼다. 하지만 악한 것들이 채워진 마음으로 기도를 하는 것은 점점 힘들어졌다.

****

몇 달간의 항해 후, 존은 집이 있는 에이버리로 돌아왔다. 오랜만에 말을 타고 산책을 하던 중에 저 멀리 학교에 가는 친구들이 보였다.

"잘들 지냈어? 오랜만에 땅 위의 흙먼지 냄새를 맡으니 너무 좋다!"

"그래, 부럽다. 그런데 우린 공부하러 가야 해서 이만 갈게. 나중에 보자!"

존은 타고 있던 말의 고삐를 잡아당겨 동네를 천천히 산책했다. 바다를 누비던 몇 개월 동안 동네가 어떻게 변해 있었을지 궁금했다. 울창한 숲속을 거닐며 풀 냄새를 맡고 숲속 동물들도 보고 싶었다. 에이버리 숲속에는 여전히 작고 귀여운 다람쥐들이 나뭇가지 사이사이를 바쁘게 옮겨 다니고 있었다.

한참을 거닐던 존이 말에게 속삭였다.

"이런 풍경은 바다 위에서 절대 볼 수 없지. 여기저기를 둘러봐도 물고기 천지였던걸. 저 다람쥐처럼 귀여운 동물들도 없고 말이야."

존은 길을 따라 말을 몰며 주변 풍경에 넋을 놓고 바라봤다. 그때였다. 갑자기 무언가에 놀란 말이 이리저리 날뛰기 시작했다. 긴장을 풀고 있던 존은 그대로 땅으로 곤두박질치고 말았다. 다행히 그는 크게 다치지 않아 바로 일어설 수 있었다. 하지만 정신을 차리고 보니, 존이 떨어진 지점 바로 옆에는 울타리 끝의 모서리가 뾰족하게 튀어나와 있었다. 하마터면 존은 그 위로 떨어져 죽을 수도 있었다.

말은 이내 안정을 되찾고 멍하니 서 있는 존의 곁으로 왔다. 존은 쿵쾅거리는 마음을 진정시키고 다시 말에 올라탔다.

"아까 내가 거기서 죽었다면, 나는 어떻게 됐을까? 천국에 가서 어머니를 만날 수 있었을까?"

그때, 다른 선원들의 험담과 욕설을 들으며 자신도 함께 나쁜 말을 했던 모습이 떠올랐다.

"만일 내가 천국에 가지 못한다면?"

존은 충격에 휩싸였다. 그동안 선원들과 함께 하나님의 이름을 쓰며 욕설을 내뱉은 순간들이 계속 떠올랐다. 존은 자신의 행동들을 생각하며 깊이 후회하기 시작했다.

"이제 내가 천국에 가는 방법은 없겠지?"

존은 중얼거리며 잠시 머릿속을 정리하기 위해 말을 멈춰 세웠다.

"이대로는 안 되겠어. 이런 악한 마음으로 살면 천국에 갈 수 없을 거야. 이제부터라도 꼬박꼬박 성경도 잘 읽고 기도도 열심히 해야겠어."

그 후, 존은 매일 아침마다 성경을 읽고 잠들기 전에 조용히 기도하는 시간을 가지려고 노력했다. 하지만 그 노력은 오래 가지 못했다. 이따금 마음을 다잡고 결심한 것들을 실천해 보려 애썼지만 잠시뿐이었다.

*****

말에서 떨어진 사고가 있은 지 2년이 흘렀다. 존은 또 다른 항해를 마치고 런던에서 휴가를 보내고 있었다.

"저기 전투함 좀 봐."

누군가의 외침에, 함께 있던 소년들이 그가 가리키는 쪽을 쳐다봤다.

"점심 먹고 이따가 오후에 한번 가보자."

존의 제안에 모두가 끄덕였다. 하지만 존이 왔을 때, 친구들은 이미 템즈Thames 강변에 있는 전투함을 보러 갔다.

"뭐야, 나만 빼고 간 거야?"

존은 화가 머리끝까지 나서 욕설을 퍼부으며 템즈강으로 달려갔다. 강에 도착한 후, 존의 눈에 친구들이 탄 작은 배가 한 쪽으로 기울기 시작하는 것이 보였다. 존은 그대로 얼어붙은 채 그 배를 쳐다봤다. 존의 친구들  은 들고 있던 노를 내려놓고 배의 균형을 잡기 위해 안간힘을 썼다. 하지만 배는 더 심하게 흔들렸고, 친구들은 차가운 템즈강에 그대로 빠져버리고 말았다. 근처 배에 타고 있던 선원들이 존의 친구들을 구하기 위해 강으로 뛰어들었다.

존은 간절한 마음으로 친구들이 무사히 구해지기를 기도했다. 친구들을 태운 작은 배가 템즈 강변에 도착했다. 존은 친구들 걱정에 한달음에 강변까지 달려갔다. 존은 물 밖으로 나온 친구들의 얼굴을 하나씩 확인할 때마다 가슴을 쓸어내렸다. 그런데 친구 하나가 보이지 않았다. 존은 선원들에게 그 친구에 대해 물어봤다. 하지만 굳이 말하지 않아도 그들의 표정에서 나머지 한 명의 소식을 짐작할 수 있었다. 끝내 목숨을 잃은 것이다.

순간 존의 머릿속을 스치고 지나가는 무서운 생각이 온몸을 덜덜 떨게 만들었다.

'내가 죽을 수도 있었어. 만일 친구들이 나를 기다렸다가 함께 갔다면 내가 목숨을 잃을 수도 있었던 거야.'

얼마 지나지 않아, 강물에 빠진 친구의 장례가 치러졌다. 친구의 죽음에 충격이 가시지 않았는데, 장례식의 풍경 또한 너무 낯설고 두려웠다.

그 일이 있고 난 뒤, 존은 런던에서 에이버리로 다시 돌아왔다. 에이버리에 사는 친구들이 존에게 장례식에 대해 물었다. 존은 그날을 회상하며 이렇게 답했다.

"그냥 온통 검은색이었어. 관을 실은 마차도, 그 마차를 끄는 말들도 모두 검은색이었지."

온통 검은색으로 물들어 있던 친구의 장례식은 존의 기억 속에 꽤 오랫동안 남았다. 그리고 바로 눈앞에서 벌어졌던 죽음에 대한 공포를 떨쳐낼 수 없었다. 자신이 지금까지 살아남아 있다는 사실도 잘 믿어지지 않았다.

****

1742년의 어느 날, 아버지는 열일곱 살이 된 존을 불렀다.

"난 더 이상 바다에 나가지 않으련다."

"무슨 말씀이세요? 그럼 저는요? 아버지 배를 계속 탈 수 있나요?"

"이제 더 이상 내 배가 아니다. 내 친구 조셉 Joseph에게 너의 일자리를 찾아달라고 이야기해 두었다. 자메이카Jamaica에 있는 사탕수수 농장에 가서 농장 경영하는 걸 배우거라."

존은 머리가 하얘지는 것 같았다.

"전 자메이카가 어디에 있는지도 모르는데요. 농장 경영 같은 건 해본 적도 없고요."

"거기서 4-5년 정도 있게 될 테니 차차 배우면 될 거다."

"집으로 돌아오지 않고요?"

"그래."

존은 아버지의 불같은 성격을 알기에 더 이상 묻지 않기로 했다. 생각해 보면, 아버지의 제안은 그리 나쁘지 않았다. 먼 타국 땅인 자메이카에서 지내는 것도 좋은 경험일 것 같았다. 농장 경영 일도 금방 배울 수 있을 것이다. 긴 시간 동안 영국을 떠나 있는 것도 괜찮을 것이다. 영국에서 자신을 그리워할 사람은 없으니 말이다.

****

영국을 떠나기 일주일 전이었다. 아버지는 존에게 메이드스톤Maidstone으로 심부름을 보냈다. 존은 자메이카로 떠날 준비를 모두 마치고 할 일이 없던 참이었다. 존은 말을 타고 메이드스톤으로 떠났다. 그러다 그는 최근에 어머니의 친구인 카틀렛 부인으로부터 받은 편지가 떠올랐다.

'메이드스톤 근처에 카틀렛 가족이 살고 있지. 가는 길에 한 번 방문해야겠네.'

존이 카틀렛 부인의 집에 방문하자, 카틀렛 부인과 그녀의 가족은 존을 반가워하며 따뜻하게 맞아줬다. 존은 어머니가 돌아가신 이후 처음 느껴보는 가족의 온기에 영국을 떠나기 싫어졌다. 그리고 떠나기 싫어진 이유가 한 가지 더 있었다. 바로 카틀렛 부인의 열세 살 된 딸인 메리Mary 때문이었다. 결국 존은 자메이카로 떠나는 배를 타지 못하고 말았다. 처음 계획보다 3주를 더 카틀렛 부인의 집에서 지냈기 때문이다.

"대체 이게 무슨 짓이냐? 내 얼굴에 먹칠을 할 셈이야?"

존이 집으로 돌아오자, 아버지는 불같이 화를 냈다. 분노가 가라앉지 않은 아버지는 베네치아Venezia로 가는 배에 존을 강제로 태워버렸다. 존은 그 배에서 막내 선원으로 일을 해야 했다. 어릴 적처럼 선장실에서 잠을 자거나 선장과 함께 식사를 하는 특권은 없었다. 존은 한눈에 반한 메리에게 어울리는 훌륭한 사람이 되고 싶었다. 하지만 마음과 달리 막내 선원의 삶은 그에게 힘들고 고되기만 했다.

존의 일상은 기도를 하면서 하나님을 찾는 날보다, 욕을 하면서 하나님의 이름을 험하게 내뱉는 날이 더 많아졌다. 혼자 있을 때도 마음속에 차오르는 화를 가라앉히기 힘들었다. 때로는 잘못된 길로 가는 자신의 모습을 뉘우치고 반성하는 순간도 있었다. 그럴 때면 불편한 마음에 며칠 동안 밥도 잘 못 먹고 잠도 잘 못 잤다. 하지만 그런 날은 오래가지 않았다.

"젠장, 이런 망할 자식들!"

그날도 존은 어김없이 험한 욕설을 입에 올렸다.

"내가 시내 한복판을 지나가다 무슨 꼴을 당했는지 알아? 해군들이 떼거리로 나한테 오더니, 위대하신 우리 폐하의 군대에 들어오라고 협박을 하지 뭐야? 그 고귀하신 폐하더러 직접 배를 몰고 전쟁에 나가라고 하지? 에잇, 이러다가 진짜 영국 해군에 끌려가는 거 아냐?"

옆에 있던 친구도 존의 말을 거들었다.

"그러게 말이야, 해군이 우리 같은 평범한 뱃사람들에게 잘 대해 줬으면 자원입대했을 텐데. 그렇게 길거리에서 사람들에게 지원하라고 권유할 일이 뭐가 있겠어."

"권유라고? 세상에 어느 누가 사람들을 잡아다 강제로 끌고 가는 걸 권유라고 하겠어."

그해 겨울, 칼바람이 몰아치는 템즈 강변에 영국 해군의 함선인 할위치호 The Harwich가 닻을 내렸다. 강제로 동원된 사람들은 한 달 내내 얼음장같이 찬바람과 눈보라를 이겨 내며 배의 낡은 페인트 자국을 긁어냈다. 그 일이 모두 끝나면, 긁어낸 자리에 새로운 페인트를 다시 칠했다. 사람들의 손은 갈라지고 다 터져 굳은살과 물집투성이가 됐다. 상처 난 손은 병균에 감염돼 늘 붕대에 감겨 있었다. 일을 마친 후에도 상처 나고 물집 잡힌 손은 나아질 새가 없었다. 할위치호에 강제로 동원돼 일한 사람들은 약 350명이 넘었다. 선실 안은 사람들로 가득 차 편히 쉴 공간도 없었다.

강제 동원된 존도 그 선실 안에서 지내야 했다. 그는 선실에서 밤마다 속으로 욕을 퍼부었다.

'여기서 나는 고약한 냄새가 제일 문제야. 이 선실에 들어오면 없던 병도 걸릴 거 같다니까. 이 배 자체가 아주 역겨워 못 견디겠어.'

존은 스스로를 겨우 달래며 잠에 들었지만, 다음 날 아침이 되면 눈 뜨는 순간부터 화를 내며 욕을 해댔다.

'이걸 음식이라고 주는 거야? 차라리 쓰레기가 이보다 낫겠어. 이런 형편없는 음식을 먹고 배탈이 나지 않는 게 더 신기할 따름이야. 다시는 따뜻하고 깨끗한 곳에서 살 수 없을 것 같은 아주 고약한 기분이 든단 말이지.'

존은 메리를 떠올리며 마음속을 가득 채우고 있는 나쁜 생각들을 비우려고 애써보기도 했다. 혹시 그녀의 얼굴이 생각나지 않는 날이면, 그는 온종일 우울하고 고통스러웠다.

"존, 선장님이 찾으신다."

존은 할위치호의 선장이 자신을 찾는다는 소리에 잔뜩 기대를 품었다. 며칠 전에 지휘관에게 자신이 큰 배를 모는 선장의 아들이라고 알렸기 때문이다. 그동안 배를 탄 경험이 있으니 하급 선원보다는 다른 선원들을 관리하는 자리로 승급시켜 달라고도 했다.

하지만 한편으로는 자신이 그동안 할위치호에 대해 불평한 것들까지 보고됐을까 두렵기도 했다. 이때까지 존은 자신의 아버지인 뉴턴 선장이 할위치호를 이끄는 카타렛Cartaret 선장에게 연락했을 것이라고는 꿈에도 상상하지 못했다.

"그래, 자네가 뉴턴 선장의 아들인가? 배에 대해 잘 알아서 하찮은 일을 하는 하급 선원 따위는 못 하겠다고 했다지? 글쎄, 나는 자네 말에 딱히 동의할 수가 없군. 내 생각에는 자네에게 딱 어울리는 위치인데 말이야."

존은 카타렛 선장의 눈도 마주치지 못하고 서 있었다. 카타렛 선장은 존을 유심히 살피며 계속 말을 이어나갔다.

"하지만 자네가 배를 타 본 경력이 있으니 그에 맞는 지위를 주는 게 맞겠지. 자네를 할위치호의 장교로 임명하겠네."

이후 존에게 믿을 수 없는 일이 일어났다. 그날 밤부터 이전보다 훨씬 편안한 선실로 잠자리가 옮겨졌기 때문이다. 침대에 누운 존은 메리의 얼굴을 떠올려 봤다. 이제 어엿한 군대 장교가 됐으니 당당히 메리에게 청혼할 수 있었다. 이 모든 일이 마치 꿈을 꾸는 것만 같았다.

그러나 존은 감사하기는커녕 어리석게도 철없는 행동을 일삼았다. 외출을 나갈 때마다 메리를 만나 시간을 보내느라 부대에 복귀를 제때에 하지 못했다. 카타렛 선장은 그런 존을 몹시 못마땅하게 봤다. 메리의 아버지도 철없고 책임감 없어 보이는 존을 탐탁지 않아 했다. 존은 부대에 알리지도 않고 메리를 만나러 가려다 결국 들키고야 말았다. 손이 묶인 채 그대로 할위치호로 다시 끌려왔다. 카타렛 선장은 결국 폭발하고 말았다.

얼마 후, 다른 배 하나가 할위치호 옆으로 접근해 왔다. 카타렛 선장은 조금도 고민하지 않고 그 배의 두 선원과 존을 맞바꾸어 버렸다. 그렇게 벌을 받아 다른 배로 옮겨진 존은 반성의 기미가 전혀 없었다.

'이 페가수스호 The Pegasus가 어떤지는 잘 모르겠지만, 저 할위치호보다는 나을 거야. 그리고 이 배까지 내 아버지를 아는 사람은 없겠지. 이제 내가 하고 싶은 대로 하며 살 수 있어.'

4. 폭풍우가 몰아치던 밤

"그래, 자네가 뉴턴 선장의 아들이라지?"

존은 페가수스호의 선장인 펜로즈 Penrose 씨의 첫 인사말에 머릿속이 하얘졌다. 대체 어디로 가야 아버지의 그늘에서 벗어날 수 있을까 싶었다.

"할위치호를 그렇게 떠나고 싶어 했다고 들었네."

펜로즈 선장은 존이 왜 해군을 떠나고 싶어 했는지 궁금했다. 자신의 잘못을 알고 있던 존은 그에게 제대로 된 답을 차마 할 수 없었다. 선장은 그런 존이 미덥지 않았지만 내색하지 않고 친절하게 대해 줬다. 그렇지만 존은 그런 선장의 배려를 전혀 감사히 여기지 않았다.

어느 날, 선원들이 모여 밥을 먹고 있을 때에 존이 말했다.

"내가 펜로즈 선장에 대한 노래를 하나 지어 봤어. 다들 들어볼래?"

"그래? 하하, 어디 불러봐. 우리가 듣고 평가를 해 주지."

존은 함께 수다를 떨고 있던 선원들 앞에서 노래를 부르기 시작했다. 펜로즈 선장을 조롱하는 노래였다.

"그건 좀 심한 것 같은데."

누군가가 조용히 이야기한 듯했지만, 다른 선원들의 웃음소리에 묻혀 들리지 않았다.

"더 없나? 더 듣고 싶다고!"

존은 어떤 선원의 외침에 눈을 찡긋하며 답했다.

"기다려 봐, 아직 미완성이야."

그렇게 존은 배 안에서 게으른 선원 생활을 하며 6개월의 시간을 보냈다. 그리고 얼마 뒤, 갑작스럽게 펜로즈 선장이 바다에서 눈을 감았다. 존은 이제 선원 생활을 그만할 때가 됐다고 생각했다.

"이제 바다라면 지겨워. 노예무역을 하면 돈을 많이 벌 수 있다던데, 그거나 해 볼까?"

옆에서 존의 말을 듣고 있던 동료 선원이 물었다.

"존, 노예무역과 관련해서 뭘 알아보기는 한 거야?"

"아모스 클로우Amos Clow와 계속 이야기했었어."

"그래서 둘이 그렇게 붙어 다녔구나?"

"이 페가수스호도 그 노예사업의 한 부분이잖아. 노예들을 어떻게 모으는지 대충은 알아."

존은 동료에게 그만 말하라는 듯 손짓을 해 보이며 말했다.

****

며칠 뒤, 존과 아모스는 서아프리카 지역 항구에 내렸다. 존은 항구에서 자신을 두고 떠나는 페가수스호를 보면서도 전혀 아쉽지 않았다.

아모스가 존에게 자신의 계획을 말했다.

"난 가장 큰 농장이 있는 섬에 집을 지을 거야. 그리고 너는 거기서 내 일을 도우면 돼."

이후 아모스는 존에게 페예피라는 여자를 소개시켜 줬다.

"페예, 여기는 앞으로 우리와 함께할 존 뉴턴이라고 해."

"별로 마음에 안 드네요."

페예는 존에게 눈길도 주지 않고, 아모스에게 퉁명스럽게 말했다. 아모스는 눈썹을 치켜뜨며 호탕하게 웃었다. 그리고 페예를 어딘가로 데려가며 이야기했다.

"상관없어, 페예. 당신만 나를 믿고 따라와 준다면, 다른 사람은 중요하지 않아."

존은 아모스와 페예를 따라다니며 서아프리카에서 일어나는 노예무역의 모든 과정을 직접 봤다. 그들은 길도 제대로 있지 않은 마을들을 구석구석 뒤지며, 남녀노소 가리지 않고 사람들을 잡아들였다. 마치 가축들처럼 줄로 묶은 사람들이

줄줄이 해안가로 끌려왔다. 나이 어린 아이들도 어른들과 같이 밧줄에 묶여 끌려왔다.

해안가에서는 무역 상인들이 기다리고 있었다. 그들은 값을 더 후하게 받을 수 있는 건강한 노예들만 골라 가려고 했다. 그들의 눈에 노예는 사람이 아닌 물건이었다. 그곳에서는 상상하기도 힘들 만큼 잔혹한 일들이 계속 벌어졌다. 존도 그런 끔찍한 일을 하는 사람들 중 하나였다.

****

몇 달 후, 아모스가 잠시 멀리 떠나야 할 일이 생겼다. 그즈음 존은 알 수 없는 병에 걸려 아프기 시작했다.

"페예가 너를 돌봐줄 거야. 돌아올 때까지 몸조리 잘하고 있어."

아모스의 바람과 달리 존의 병세는 날로 악화됐다. 몸도 제대로 가누지 못할 만큼 열이 올랐다.

"물, 누가 제발 물 좀…"

존은 잘 나오지도 않는 목소리를 겨우 짜내어봤지만, 그의 곁에는 아무도 없었다. 페예는 이미 병간호를 뒷전으로 한 지 오래였다. 지금은 존을 홀로 내버려둔 채 외출을 한 상태였다. 그렇게 존은 몇 시간 동안 홀로 고통에 몸부림치고 있었다. 목은 타는 듯이 말랐고, 입술과 혀가 말라서 갈라지고 있었다.

"저기요, 혹시 물이 필요한가요?"

어둠이 내린 방 밖에서 목소리 하나가 들려왔다. 잡혀 와 있던 노예 중 한 사람이 존의 신음을 듣고 몰래 물을 가져온 것이다. 그 노예에게는 목숨을 걸어야 할 만큼 위험한 일이었다. 존은 그 도움 덕분에 그나마 정신을 차릴 수 있었다.

다음 날, 존은 페예에게 먹을 것을 달라고 했다.

"배고프다고? 그럼 이거나 먹어."

페예는 존을 비웃으며 자신이 먹다 남은 음식을 줬다. 존은 힘이 없어 접시를 건네받던 중 음식을 떨어뜨리고 말았다. 그 모습을 본 페예는 깔깔거리며 존을 지나쳐 나갔다.

"먹을 게 필요한가요?"

그날 밤, 또다시 어둠 속에서 목소리가 들려왔다. 노예 하나가 살며시 다가와 먹을 것을 주고 사라졌다. 넉넉하지는 않아도 존이 간신히 버틸 수 있을 만큼의 양이었다.

존은 제대로 된 병간호를 받지 못해 더욱 병이 심해졌다. 그는 할 수 없이 아픈 몸을 이끌고 숲으로 들어가 나무뿌리를 먹었다. 그리고 며칠 뒤, 마침내 아모스가 돌아왔다. 존은 그에게 페예가 그동안 한 짓을 모두 말했다. 하지만 상황은 존이 원하는 방향으로 흘러가지 않았다.

"내가 정말 당신 친구에게 그런 짓을 했다고 믿는 건가요?

저 사람이 거짓말하는 거예요."

페예는 억울하다는 듯 소리쳤다. 아모스는 존과 페예의 얼굴을 번갈아 봤다. 결국 그는 페예 편을 들었다.

이 일이 있고 난 후부터 아모스는 존을 거짓말쟁이로 취급하며, 모든 일에 의심하기 시작했다. 노예 수색을 나가게 되면, 아모스는 존을 배에서 못 내리게 했다. 종일 먹을 것이라고는 빵 하나만 남겨뒀다.

존은 이런 상황을 알리기 위해 아버지에게 편지를 썼다.

> 제가 이곳에서 쓰는 세 번째 편지입니다. 앞서 보낸 두 통의 편지는 받으셨는지 알 길이 없네요. 저는 아버지가 부르시기 전까지 영국에 가지 않기로 결심했습니다. 하지만 이곳에서 제가 처한 상황이 좋지 않아, 아버지께 도움을 구하고자 합니다. 입고 있던 옷은 다 해져서 버려야 합니다. 음식도 맛은커녕 겨우 입에 풀칠하는 것도 감사한 상황입니다.

존은 여기까지 쓰다가 펜을 내려놨다.

'정말 아버지에게 도움을 청할 생각이야? 아버지가 이 편지를 보면 대체 뭐라고 하실까?'

잠시 고민하던 존은 다시 펜을 들었다.

> 아모스 씨의 허락을 받고 윌리엄 씨라는 다른 무역상과 함께 지내려고 합니다. 그분이 공장 몇 개를 소유하고 있다고 해요. 거기서 공장 경영하는 것을 배워 볼까 합니다.

이후 존은 윌리엄 밑에서 일하면서 여유를 갖게 됐다. 그전까지 존은 멀쩡한 옷 한 벌도 살 수 없었다. 이제야 잃어버렸던 자유를 조금이나마 되찾을 수 있게 됐다.

****

1747년 2월, 그레이하운드호 The Greyhound 가 서아프리카에 도착했다. 그레이하운드호의 선장은 아버지의 친구였다. 아버지는 그 친구에게 아들을 데려와 달라고 부탁해 두었다. 하지만 존은 이미 윌리엄 밑에서 한창 재미있게 일하고 있었고,

영국으로 돌아갈 생각이 전혀 없었다.

그레이하운드호의 선장은 친구의 부탁을 들어주기 위해 어쩔 수 없이 거짓말로 존을 설득해야 했다. 존의 친척이 일 년에 400파운드씩 받을 수 있도록 유산을 남겨 두었으니 함께 영국으로 돌아가자고 한 것이다. 존은 믿기지 않는 소식에 메리의 얼굴이 떠올랐다.

'일 년에 400파운드라면, 메리에게 청혼할 수 있을 거야. 그 정도 돈이면 둘이 충분히 살 수 있어.'

존은 여러 생각 끝에 영국으로 돌아가는 그레이하운드호에 몸을 실었다.

※※※※

존은 그레이하운드호에서 일하는 선원이 아닌 승객으로 지냈다. 할 일이 없으니 시간은 어느 때보다 더디게만 흘러갔다. 배 안에는 책도 몇 권 있지 않았다. 그나마 기독교 책이 하나 있어서 시간을 보내는 데 도움이 됐다. 하지만 그 책은 존의 마음을 점점 불편하게 만들었다. 책에 쓰인 대로라면 자신은 용서받을 수 없는 인간이었기 때문이다.

"콰광!"

"대체 무슨 일이야?"

존은 선실에서 잠을 자다가 심한 흔들림을 느끼고는 깜짝 놀라 일어났다. 발아래 디디고 있는 배의 바닥이 사방으로 요동치고 있는 것이 느껴졌다. 존의 선실 안에는 이미 물이 빠르게 들어차고 있었다. 갑판 쪽으로부터 사람들의 비명과 고함이 뒤섞여 들려왔다.

"배가 가라앉고 있다!"

공포로 가득한 목소리가 거센 바람을 뚫고 들려왔다. 존은 갑판 위로 달려갔다.

존을 본 선장이 소리쳤다.

"칼을 가져와! 멍청하게 서 있지 말고, 어서!"

존은 칼을 가지러 다시 선실로 내려갔다. 그를 지나쳐 갑판 위로 올라간 다른 선원 하나는 성난 파도에 휩쓸려 배 밖으로 떨어지고 말았다.

"배 안에 물이 차오르고 있다!"

"뗏목이 떠내려간다!"

"살고 싶으면 꽉 붙잡아!"

사람들의 소리는 폭풍우 속으로 흩어져 버렸다. 배 안으로는 이미 물이 계속 차오르고 있었다. 모두가 열심히 물을 퍼냈지만, 몇 시간이나 폭풍우와 사투를 벌인 사람들의 힘으로는 역부족이었다. 존은 새벽녘이 다 될 때까지 온몸이 부서지라 배에서 물을 퍼냈다.

"계속 퍼내자. 하루 이틀 뒤에는 술이나 한잔하면서 웃으며 이 순간을 떠올릴 거야."

누군가가 그렇게 소리쳤지만, 존은 이 상태라면 세상 밖에서 웃을 일이 없을 것만 같았다. 술이 아니라 검은 바다에 빠져 짠 바닷물만 잔뜩 들이킨 채 죽을 것이 분명해 보였다.

존은 자신이 할 수 있는 모든 힘을 다 쏟아부었다. 점점 몸과 마음은 지쳐가고 있었다. 그때 잠시 둘러본 배의 풍경은 매우 안타까웠다. 사람들은 저마다 온 힘을 다해 배를 지켜내려 노력하고 있었다.

'주님, 우리 힘으로는 어렵습니다. 제발 우리에게 자비를 베풀어 주소서.'

순간 그의 머릿속을 스치고 지나가는 생각이 있었다.

'하나님께서 나 같은 놈한테 베푸실 은혜가 남아있을까?'

시간이 지날수록 폭풍우는 더욱 거세졌다. 존은 오후가 다 되어 가도록 물을 퍼냈다. 물을 퍼낸 지도 벌써 아홉 시간이 지나고 있었다. 그는 거센 파도가 배의 옆면에 와서 부딪힐 때마다 몸이 튕겨 나갈 것만 같았다. 밧줄로 자신의 몸을 묶어 두지 않았다면 이미 차가운 바닷물에 빠졌을 것이다.

"더는 못 하겠어."

존은 그 말을 끝으로 바닥에 주저앉았다. 어쩌면 이대로 죽어도 좋겠다고 생각했다. 하지만 자신이 죽은 다음에 어떻게 될지 두렵기도 했다.

그때 선장이 존을 찾는 소리가 들려왔다. 존은 온몸의 통증 때문에 아직 갑판 위에 앉아있었다. 존을 발견한 선장은 잠시 말없이 그를 쳐다봤다.

"자네는 더 이상 무리인 것 같군. 저기로 가서 배의 조종키나 잡아."

존은 거센 비바람을 헤치고 겨우 조종키 앞에 도착했다. 그리고 늦은 밤까지 그곳에서 자리를 지켰다.

'나는 이제 어떻게 되는 걸까? 배랑 같이 가라앉아 죽는 걸까? 그러면 성경 말씀대로 심판을 받는 건가?'

폭풍우에 요동치는 그레이하운드호 만큼이나 존의 마음도 불안함에 흔들리고 있었다.

'나는 너무 많은 죄를 짓고 살아왔어. 나쁜 말들을 아무렇지 않게 내뱉었어. 심지어 하나님의 이름도 더럽혔어.'

죽음이 눈앞에 다가오자, 존은 그동안 자신이 얼마나 큰 잘못을 저질러왔는지 후회가 됐다. 하나님께서 자신을 어떤 눈으로 바라보실지, 조금이라도 희망은 없는지 머릿속으로 수많은 생각이 스쳐지나갔다.

절망으로 가득한 그때, 존은 어릴 적에 어머니가 읽어 주신 성경 한 구절이 떠올랐다. 그 성경 말씀은 하나님께서 허락하신 희망이 아직 존에게 남아 있다고 전해 주고 있었다.

****

폭풍우와 사투를 벌인 다음 날 저녁, 바다는 잠잠해졌고 배 안의 물은 어느 정도 빠져나갔다. 갑판에 선 존은 그 자리에 엎드려 어떤 때보다도 간절하게 기도를 드렸다. 아직 하나님을 '우리 아버지'라고 부르는 것이 어색하게 느껴졌다. 그렇게 부르기에는 자신의 믿음이 부족한 것 같았다. 대신 존은 하나님께 자신을 도와달라는 기도를 드렸다. 그저 가라앉고 있는 이 배에서 살려달라는 요청이 아니었다. 자신이 그동안 저지른 죄로 인해 지옥에 가지 않게 구원해 달라는 기도였다.

아침 해가 떠올랐다. 존은 전날 얻은 깨달음과 엎드려 기도한 일을 다시 생각했다. 그때 배에 있던 식량이 모두 물에 휩쓸려가 버렸다는 소식을 듣게 됐다. 남아 있는 식량으로는 일주일도 채 버티기 어려웠다. 하나님의 도움이 어느 때보다도 절실했다.

그로부터 5일이 지났다.

"땅이다! 땅이 보인다!"

망원경을 든 선원이 배 안 사람들에게 외쳤다. 저 멀리 육지가 보인다는 소식에 모든 선원이 환호했다.

그때 갑판 끝에 서 있던 존이 먼 하늘을 바라봤다. 섬의 지평선으로 내려앉는 석양이 보였다. 존이 함께 있던 선원에게 말했다.

"이것보다 아름다운 걸 본 적이 있나?"

함께 있던 선원이 고개를 저었다.

"나는 이 석양을 다시 볼 수 있을 거라고 상상을 못 했네."

그레이하운드호는 무사히 아일랜드Ireland에 도착했다. 그곳에서 잠시 머물면서 존과 선원들은 다시 기력을 회복할 수 있었다. 존은 풍랑을 만나 죽을 고비를 넘긴 후, 하나님께서 살아계심을 고백하며 진정한 그리스도인이 됐다. 그리고 1748년 5월, 존은 마침내 고국인 영국 땅을 다시 밟았다.

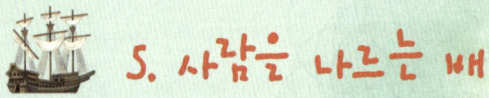 5. 사람을 나르는 배

하루는 아버지의 친구인 조셉 선장이 존을 찾아왔다.

"자네가 올해로 스물셋이지? 아직 어리지만 내 노예무역선 중 하나를 이끌어 보겠나? 서아프리카에서 노예무역을 한 경험도 있으니 말이야. 꼭 뉴턴 선장의 아들이라서 하는 말은 아니네."

갑작스러운 제안에 당황한 존은 다리를 이리저리 꼬아보며 고민했다. 선장의 제안을 흔쾌히 받아들이고 싶지는 않았지만, 거절을 하고 싶지도 않았다.

"자, 어때? 도전해 보겠나?"

조셉 선장의 끈질긴 물음에 존은 결국 입을 열었다.

"실은 제가 선장이 되기에는 아직 부족하다고 생각합니다. 지금은 선장님을 돕는 보좌관이 되어 경험을 더 쌓고 싶습니다."

조셉 선장은 존의 겸손함에 놀라며 칭찬을 아끼지 않았다.

"아주 현명한 청년이야. 곧 훌륭한 선장으로 활약하기를 기대해 보지."

그렇게 존은 브라운로우호 The Brownlow의 선장을 돕는 보좌관이 됐다.

****

항해를 떠나기 전, 존은 메리를 만나러 갔다. 그동안 못 본 사이 그녀가 결혼을 했을지 궁금했기 때문이다. 존은 곧장 카틀렛 부인의 집으로 향했다.

다행히 메리는 아직 결혼을 하지 않았고, 여전히 눈부시게 아름다웠다. 존은 메리와 대화하며 자신이 그녀를 깊이 사랑하고 있음을 깨달았다.

카틀렛 부인의 집을 떠나기 전, 존은 메리에게 물었다.

"한 가지만 물어봐도 될까요?"

메리는 고개를 끄덕였다. 하지만 존은 어째서인지 아무 말도 할 수가 없었다. 메리에게 청혼하고 싶은 마음은 간절했지만, 그 마음을 담은 말들은 입속에서 맴돌기만 했다.
한참 뒤, 존은 겨우 어렵게 입을 열었다.

"편지를 써도 될까요?"

존은 하고 싶은 말을 할 용기조차 없는 자기 모습이 너무 한심해 화가 날 것 같았다. 그러나 착한 메리는 그의 물음에 흔쾌히 허락해 줬다.

****

브라운로우호는 서아프리카 지역을 돌며 노예들을 모아 나르는 노예무역선이었다. 존은 서아프리카에서 몇 년을 지냈기 때문에 그곳 생활이 힘들지 않았다. 또한 보좌관의 일이 많지 않아 여유로운 시간을 맘껏 보낼 수 있었다.

하지만 존은 얼른 선장이 되어 높은 자리에 앉고 싶었다. 그래서 당당하게 메리에게 청혼하고 싶었다. 그러기 위해서는 공부를 해야 했다. 어린 시절에 배웠던 라틴어도 다시 공부했다. 그러나 정작 하나님께 했던 다짐과 약속은 점점 잊혀져갔다. 다시 나쁜 말과 행동을 하며 예전의 모습으로 돌아갔다.

브라운로우호는 몇 달간 서아프리카를 돌며 노예들을 가득 태웠다. 어느 날, 배 위에서 존과 선장이 바다를 보고 있었다.

"존 보좌관, 이제 서인도제도(편집자 주: 남·북아메리카 대륙 사이에 있는 섬들을 말한다)로 떠나면 어떻겠나?"

"좋습니다. 그곳의 남자 노예들은 힘이 좋고, 여자 노예들도 그다지 나쁘지 않습니다. 또 병치레도 별로 없고 말입니다. 전염병이 돌면 돈을 바다에 뿌리는 거나 마찬가지 아닙니까."

"선장으로서 해야 할 중요한 선택이지. 가는 길에 어느 정도 버려도 될 만큼 노예들을 많이 실어서 가느냐, 아니면 노예들을 조금 적게 싣고 잘 관리해서 덜 버리고 가느냐."

존은 몇몇 상태가 좋지 않은 노예들을 본 것이 생각났다.

"몇 명은 조금 병들어 가는 거 같기도 합니다. 추려내서 분리해야 다른 노예들한테도 병을 옮기지 않을 거 같습니다."

"역시 자네는 대단하군. 그럼 이 근처 라임 농장에 그들을 내려두고 일을 시켜놓도록 하지. 우리가 돌아올 때까지 그들이 살아서 버티면 다시 데려가도록 하세."

4주 뒤, 선장이 출항을 알렸다. 배 안에는 노예들이 가득 실려 있었다. 그들이 내는 울음소리는 차마 맨정신으로 들을 수 없었다. 배가 움직이기 시작하자, 그들은 더 크게 울부짖었다.
출발하고 얼마 뒤, 날씨가 흐려지면서 파도가 거세졌다.

"아래 칸으로 내려가는 계단 근처만 가도 구역질나는 냄새가 나는군."

존이 지나가던 선원 하나를 붙잡고 이야기했다.

"저 밑에서 노예들이랑 같이 있지 않은 게 천만다행인 거죠. 저들은 서로 묶여져 있고 칸마다 빈틈없이 넣어져 있으니까요. 또 저곳엔 전염병 같은 게 돌고 있을 거 같단 말이죠."

옆에 있던 선장이 얼굴을 찌푸렸다.

"좋은 소식은 아니군. 최대한 많이 데려가야 하는데 말이지."

선장의 말이 끝나기가 무섭게 두 명의 젊은 선원들이 아래 칸에서 무언가를 끌고 나오고 있었다. 십 대 소년쯤 되어 보이는 노예의 시신이었다.

"이놈이 제일 먼저 죽었습니다."

선원들은 소년의 시신을 바다에 던졌다. 그다음으로 몇몇 시신들이 나왔다. 그때마다 선원들은 아무 거리낌 없이 시신들을 바다에 내던졌다. 그 상황을 보자, 존은 헛구역질이 나왔다.

선장은 존을 보고 계속 말했다.

"자네도 선장이 되면 이렇게 해야 해. 빨리 시체를 처리하지 않으면 전염병이 돌아 다 죽거든. 정말 힘든 일이라니까."

"예, 이 일이 좋은 사업은 아니죠."

"이 일이 최고의 사업은 아닐 수 있지. 하지만 돈을 꽤 벌지 않나. 그리고 너무 마음 쓰지 말게나. 저들이 노예란 걸 잊지 말아야 해. 자네와 나 같은 '사람'이 아니라고."

존은 잠시 자신에게 돌아올 몫을 계산해 봤다. 그 정도의 돈이라면 이 일은 충분히 할 만하다는 생각이 들었다.

✲✲✲✲

몇 달 뒤, 브라운로우호는 미국 캐롤라이나Carolina 지역의 항구 중 하나인 찰스 타운Charles town에 도착했다. 선장은 노예들이 배에서 내리는 것을 보며 말했다.

"많이 팔렸으면 좋겠군."

"건강해 보이지 않던데, 괜찮을까요?"

"그래도 내가 본 노예들 중 제일 괜찮아 보이는걸. 덕분에 오늘 밤에 우리 주머니는 금화가 넘치도록 차겠어."

존의 지적에도 선장은 대수롭지 않다는 듯 답했다. 그는 노예들을 팔아 챙길 돈만 생각하며 즐거워했다. 존도 금화가 채워질 자신의 주머니를 만지작거리며 활짝 웃었다.

"근처를 좀 돌아보고 오겠습니다."

존은 몇 시간 동안 찰스 타운을 돌아다녔다. 그러다가 어디선가 들려오는 울음소리를 따라 발걸음을 옮겼다. 소리가 들려오는 곳은 노예들을 사고파는 노예시장이었다. 브라운로우호에서 방금 내린 노예들도 그곳에 있었다.

존이 노예시장에 들어서자마자 본 것은 처참한 상황들이었다. 먼저 부부로 보이는 두 남녀가 각기 다른 주인에게 팔려 반대 방향으로 끌려가고 있었다. 그 옆에는 강제로 부모에게서 떨어져 비명을 지르는 아이가 있었다. 멀어져가는 아이를 보는 엄마의 울음소리도 들려왔다. 그들이 울부짖는 소리는 마음속 깊은 곳에서 터져 나오는 것이었다.

존은 노예들이 거래되는 가격들을 확인한 후, 다시 브라운로우호로 돌아갔다. 하지만 그는 배에서 오래 머무를 수 없었다. 선원들이 노예들이 있던 짐칸을 청소하고 있었는데, 그곳에서 풍겨오는 악취가 대단했기 때문이다. 존은 그 모든 것에서 벗어나기 위해 다시 찰스 타운으로 향했다.

****

그로부터 몇 달 후, 브라운로우호는 영국 리버풀Liverpool로 돌아왔다. 조셉 선장은 존을 만나기 위해 항구에서 기다리고 있었다. 그리고 약속했던 대로 그에게 선장직을 다시 제안했다. 존 역시 선장으로 일하기를 원했다.

하지만 존은 그보다 먼저 해야 할 일이 있었다. 바로 메리에게 청혼하는 일이었다. 메리는 존의 첫 번째 청혼을 거절했다. 그녀는 두 번째 청혼도 거절했다. 하지만 존이 세 번째로 청혼했을 때, 메리는 마침내 그의 청혼을 받아들였다.

"알겠어요, 존. 당신과 결혼하겠어요."

그로부터 2주 뒤인 1750년 2월 12일, 존과 메리는 영국의 로체스터Rochester에서 결혼식을 올렸다. 두 사람은 예전에 메리가 살던 집에서 신혼생활을 시작했다. 그들은 3개월 정도 여유로운 삶을 만끽하며 행복한 나날을 보냈다. 메리의 반려견인 팬시Fancy를 데리고 산책을 다니는 일은 존이 하루 중 가장 좋아하는 시간이었다.

그렇게 평화로운 일상을 보내던 어느 날, 존에게 편지 한 통이 도착했다. 그는 조용히 편지를 뜯어 읽었다.

"조셉 선장이네요."

존은 편지를 읽으며 메리에게 말했다. 편지를 읽는 존의 얼굴에서는 미소가 떠나지 않았다.

"좋은 소식이에요. 당신은 더 이상 그냥 평범한 존 뉴턴의 부인이 아니에요. 선장 존 뉴턴의 아내죠."

메리는 존의 말을 바로 이해하지 못했다. 하지만 이내 그의 말뜻을 이해하고 뛸 듯이 기뻐하며 손뼉을 쳤다.

"그럼 이제 당신의 배가 생긴 건가요?"

믿을 수 없다는 듯한 표정을 짓는 메리에게 존이 고개를 끄덕였다.

"그래요. 나는 이제 아르가일백작호 The Duke of Argyle의 존 뉴턴 선장이죠. 그런데 그 덕에 나쁜 소식도 생겼네요. 서아프리카로 바로 떠나야 한다는군요."

존은 메리의 얼굴에서 미소가 사라지는 것을 봤다.

"메리, 정말 미안해요. 안타깝게도 우리 둘의 결혼생활은 늘 이런 식일 거예요."

메리는 존에게 다가가 가만히 안겼다. 그리고 곧 떨어질 듯한 눈물을 감추기 위해 존의 옷깃 속으로 얼굴을 묻었다.

****

며칠 후, 존은 리버풀 항구에 도착해 자신이 이끌게 될 아르가일백작호를 만났다.

'이게 바로 내 배야. 굉장히 낡았지만 메리에게 무사히 돌아올 수 있을 정도만 버텨준다면 다 괜찮아.'

존은 얼마 동안 항해 준비를 하느라 다른 일에 신경을 쓸 여력이 없었다. 그러던 어느 날, 존은 배 안에서 들리는 시끄러운 소리에 보좌관을 불렀다.

"이게 무슨 소리지?"

"목수들이 내는 소리입니다. 저 밑의 짐칸에 노예들을 싣기 위해 정비하고 있죠."

"못 박는 소리가 너무 커. 살살 좀 다루라고 하게. 이 배를 부술 참인가?"

존의 호통에 보좌관이 씨익 웃으며 답했다.

"하하, 우리 배가 낡긴 했어도 이 정도는 충분히 버텨낼 수 있습니다."

"짐은 모두 다 실은 건가?"

"족쇄, 쇠사슬, 쇠목걸이 등 다 실었습니다. 선원들 식량도 모두 챙겼고요. 노예들 먹일 으깬 콩만 오면 됩니다."

"알겠네. 최대한 빨리 준비해서 떠나도록 하지. 날씨가 요 며칠 좋기는 했지만 언제까지일지 장담할 수가 없어. 드디어 리버풀을 떠날 시간이 다가오는군."

****

1750년 8월 10일, 존은 떠날 준비를 마쳐가고 있었다. 눈코 뜰 새 없이 바쁜 날들이었지만, 그 와중에도 메리에게 짧은 편지를 써 보냈다.

사랑하는 메리에게

이제 정말 시간이 얼마 남지 않았어요. 처음 정박할 항구에서 꼭 편지를 부칠게요. 몇 달 동안 소식이 없더라도 너무 놀라지 말아요. 그리고 기억해야 해요. 당신은 선장의 아내고, 앞으로도 이런 날들이 계속되리라는 것을 말이에요. 나를 위해 기도해 줘요. 나도 늘 당신을 위해 기도할게요.

당신이 너무 보고 싶은 남편으로부터

추신: 밤 10시가 되면, 하늘 위 북극성을 바라봐 줘요. 우리는 같은 별을 보고 있을 테니까.

존은 떠나기 직전까지 꼼꼼하게 항해를 위한 만반의 준비를 했다. 존의 배에는 보좌관, 목수, 의사를 포함한 30명의 선원이 타고 있었다.

"배의 상태는 어떤가?"

존은 보좌관에게 물었다.

"정말 배가 낡아도 너무 낡았습니다. 목수들이 계속 보수 작업을 해야 할 거 같습니다."

존은 고개를 끄덕였다.

"그래, 우리가 고향에 돌아올 때까지 그들이 배를 잘 수리하고 돌봐줘야지. 노예들을 실을 짐칸도 다 완성됐나?"

"예, 선장님. 노예들이 들어갈 칸도 공사를 다 마쳤습니다. 목수들이 선반을 촘촘하게 잘 만들어 놓았습니다. 노예들이 그 안에 들어가면 도서관에 꽂혀있는 책들처럼 가지런해 보일 겁니다."

보좌관은 그 말을 하며 옆에 있는 선원들과 킥킥 웃어댔다. 존은 노예를 물건에 비유하는 선원들의 섬뜩한 농담도 대수롭지 않게 여기고 말을 계속했다.

"쇠고랑은? 노예들이 배에서 탈출할 수 없도록 잘 묶어둬야 하네."

"노예들의 오른쪽 손과 발을 배 왼쪽에다 묶고 줄을 맞춰서 묶어두면 됩니다. 선반에 고리를 채울 수 있도록 구멍도 뚫어져 있습니다."

존은 고개를 끄덕였다.

"그럼, 이제 정말 항해할 준비가 다 끝난 거 같군."

✳✳✳✳

다음 날 아침, 아르가일백작호는 리버풀 항구를 떠나 너른 바다를 향해 나아갔다. 항해가 시작되고 3일 정도 지났다. 존은 자신의 선실에서 가죽 표지로 된 노트 한 권을 꺼냈다. 그리고 첫 장에 이렇게 써 내려갔다.

〈아르가일백작호의 항해일지〉
리버풀에서 아프리카까지
1750년 8월 14일

그 밑에 존은 시편 107편의 한 구절을 라틴어로 썼다.

배들을 바다에 띄우며 큰 물에서 일을 하는 자는
여호와께서 행하신 일들과 그의 기이한 일들을
깊은 바다에서 보나니

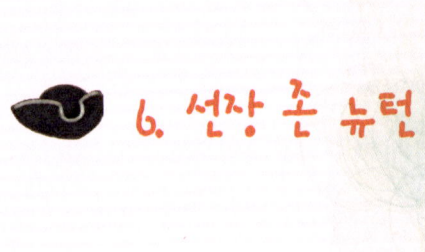# 6. 선장 존 뉴턴

몇 달 후, 아르가일백작호는 서아프리카 항구에 도착했다. 존은 먼저 그 근처 노예시장을 돌며 상태가 좋은 노예들을 골라 사들였다. 그렇게 정신없이 몇 주가 흐른 뒤, 존은 자신이 그동안 기록한 일지를 살펴봤다.

> 보조선에 총 열한 명의 노예를 실음. 성인 남자 셋, 성인 여자 하나, 십 대 남자아이 둘, 어린 남자아이 둘, 그리고 어린 여자아이 셋.
>
> 여자아이 둘을 사 옴. 여자 노예 하나를 더 사기 위해 보

좌관을 보냄. 새로 사 온 46번 여자 노예는 구강 상태가 좋지 못하나 꽤 값을 비싸게 치러야 했음.

오늘은 윌리엄 선장과 노예를 교환함. 여자 노예 하나를 내어 주고 어린 남자아이 셋과 여자아이 하나를 받음.

11번 여자 노예가 죽어서 바다에 버림. 시름시름 앓기는 했지만 잘 버텨내는 것 같아서 그냥 두었는데 죽어버림. 다른 노예들에게 병이 옮을까 봐 11번 여자 노예가 있던 곳을 청소하고 연기를 피워 방역을 했음. 유황 가루를 두 시간 정도 태웠고, 식초를 써서 청소함.

일지를 한 장씩 넘기는 존의 표정은 점점 심각해졌다.

보조선이 돌아옴. 보조선에 타고 있던 선원들 상태가 좋지 못함. 돌아온 이들 중 한 명은 결국 생을 마감함. 보좌관과 다른 세 명의 선원도 병을 얻음. 그 중 두 사람은 꽤 위독해 보임. 보조선에 싣고 온 노예는 총 열한 명. 성인 남자

> 노예 하나, 성인 여자 노예 둘, 십 대 남자아이 다섯, 어린 남자아이 하나, 어린 여자아이 둘.

존은 계속해서 일지를 읽었다.

> 날씨가 좋지 않음. 바람이 무섭게 휘몰아치고 파도가 큼. 새벽 2시, 우리 목수가 죽음. 3주 동안 우리 선원 세 명이 죽음. 다른 네 명의 선원도 건강이 좋지 않음.
>
> 오늘 전염병에 걸린 노예 소년 하나를 바닷가에 두고 옴. 선원 하나도 같은 병에 걸림. 총 다섯 명의 선원이 위독한 상황이 됨.
>
> 보좌관을 바닷가에 내려줌. 맑은 공기와 신선한 음식이 조금이나마 도움이 되기를 바람. 하지만 보좌관도 끝내 죽음.

존은 읽던 일지를 덮어버렸다.

"한가롭게 이걸 읽고 있을 시간이 없어. 난 할 일이 아직 많이 남아있어."

존은 갑판 위를 둘러보던 중 남은 두 보좌관과 잠시 이야기를 했다.

"내일 여기를 떠나도록 하지. 우리 배에 노예 175명이 타고 있으니 좀 내려야 할 거 같군."

보좌관이 우울한 표정으로 답했다.

"제일 먼저 도착한 배들이 늘 좋은 가격에 노예들을 팔죠. 그런데 노예가 175명이나 있어도 우리 선원은 25명이 채 안 되는걸요. 모두가 도착할 때까지 무사하기를 바랄 뿐입니다."

"알고 있네. 나도 그들이 얼른 낫기만을 바랄 뿐이야."

물론 남대서양을 건너오는 중 많은 노예가 죽어 나갔다. 그나마 남은 노예들은 좋은 가격에 팔 수 있었다.

****

존은 선장실에서 노예를 팔아 번 금화를 세어보며 무엇을 사서 돌아갈지 고민하고 있었다.

'영국에서 비싼 값에 팔 수 있는 물건으로는 무엇이 있을까?'

그때 짐칸 쪽에서 '쿵' 하는 소리가 들려왔다.

'시작됐군. 저 소리가 들리면 기분이 안 좋아져.'

선원들은 배를 청소하고 있었다. 우선 노예들을 밖에 있게 하고 짐칸과 갑판 등을 닦았다. 어디를 청소해도 썩은 냄새가 가득했고, 구정물이 나왔다. 존은 짜증을 내며 생각했다.

'배를 해체해서 닦아내기 전까지 청소는 전혀 의미가 없을 거야.'

존은 다시 자신이 사야 할 물품을 생각하는 데 집중했다. 하지만 계속 풍겨오는 악취 때문에, 그는 결국 자리를 박차고 일어났다. 그리고 보좌관과 함께 육지로 가서 영국에서 팔 물건들을 사들였다.

　그날 밤, 존은 메리에게 편지를 쓰기 위해 책상에 앉았다.

나의 전부, 메리에게

우리는 이제 영국으로 돌아갈 준비를 마쳤어요. 이제 내일이면 집으로 가는 항해를 시작할 거예요. 당신이 너무 보고 싶어요. 오늘 밤도 북극성을 보며 당신을 생각할게요. 당신도 북극성을 보며 나를 생각해 줘요. 이제 한두 달 후에는 우리가 함께 북극성을 볼 수 있겠죠. 어서 그날이 왔으면 좋겠어요.

당신이 너무 그리운 존으로부터

****

　리버풀 항구의 모습이 저 멀리서부터 보이기 시작했다. 아르가일백작호는 속력을 낮추고 항구에 정박하기 위한 준비를 시작했다. 할 일을 다 마친 선원들은 항구 쪽을 유심히 보며 자신을 마중 나온 사람들이 있는지 살펴보고 있었다.

'30명이 떠났는데 고작 16명만 살아 돌아왔군. 참, 힘든 여정이었어.'

영국으로 돌아온 후, 존은 조셉 선장을 만났다.

"존, 자네를 이렇게 다시 보니 정말 좋군. 자네가 아주 훌륭하게 임무를 마치고 돌아왔다는 소식은 들었네."

"감사합니다. 하지만 그렇게 칭찬받을 일은 아닌걸요."

조셉 선장은 힘없이 대답하는 존을 다독이며 말했다.

"자네가 이렇게 무사히 돌아오지 않았나! 주머니도 두둑하게 채워졌을 테지. 더 바랄 게 있겠는가?"

존은 침을 꿀꺽 삼키며, 자신이 그동안 고민해 오던 문제를 털어놓았다.

"제 말은 제가 처음으로 지휘한 이번 첫 항해가 그다지 자랑

할 일이 아니라는 겁니다. 우리 배가 영국에 돌아온 건 맞지만, 함께했던 모든 이들이 돌아온 건 아니죠. 저 배의 상태를 보셨습니까? 형편없기 짝이 없어요. 저는 저 배로 영국에 무사히 돌아올 수 있을지 매일 걱정했습니다."

"무슨 소리인가?"

"저 배는 고물 덩어리라고요!"

낡아빠진 아르가일백작호는 이번 항해 때 여러 번 위험한 상황에 처했었다. 노예들을 싣는 짐칸을 만들기 위해 데려간 목수들은 쉴 틈 없이 배를 수리하러 돌아다녔다. 그들 덕분에 존과 선원들이 무사히 항해를 마칠 수 있었다.
존의 말을 듣던 조셉 선장은 멋쩍은 듯 헛기침을 했다.

"그래, 그 배가 좀 낡기는 했지. 새로운 배로 교체할 때가 되기는 했어. 그래도 한 번 더 운행할 수 있지 않을까?"

"그렇다면 다른 사람을 선장으로 쓰세요. 저는 못 하겠습니다. 저 고물 덩어리로 다시는 항해하지 않을 겁니다."

조셉 선장은 턱을 쓰다듬으며 잠시 깊은 생각에 잠겼다.

"좋아. 새로운 배를 주문하지. 그리고 자네가 그 배의 첫 번째 선장이 되는 거야. 어떤가?"

"당연히 좋죠."

존은 조셉 선장과 악수를 하며 대답했다.

****

1752년 4월, 아프리칸호 The African 가 완성됐다. 조셉 선장은 출항 날짜를 기록한 편지를 존에게 보냈다. 존은 기대감에 부풀어 항구에 가서 배를 봤다. 하지만 그의 표정은 점점 어두워졌다.

'이런, 또 돈 낭비를 했군. 저번 배보다 조금 나은 정도네.'

존은 새로운 배가 출항 준비를 하는 것을 지켜보며, 내내 무언가 마음에 걸리는 것이 있었다. 그리고 그런 마음을 메리에게 편지로 전했다.

내 하나뿐인 사랑 메리에게

아무도 하나님께 기도를 드리지 않는 것 같아요. 저 넓은 바다를 지나는 우리들을 지켜달라는 기도 말이에요. 제아무리 큰 배라도 하나님께서 지켜 주시지 않는다면, 이 배는 폭풍우에 산산조각이 나 버릴 수도 있어요. 나는 여기 리버풀에서 만난 그리스도인들에게 따로 기도를 부탁하려고 해요. 아프리칸호와 선원들 모두 무사히 아프리카를 다녀올 수 있게요. 우리는 아마 한여름에 떠날 것 같아요. 우리 배가 다른 배들보다 속도가 조금 느려요. 그래서 우리의 여정은 일 년 정도 될 거 같네요.

매일 당신을 생각하는 존으로부터

존은 새 보좌관을 만나 배 안에서의 계획을 이야기했다.

"아프리칸호를 타고 항해하는 동안, 매일 아침은 기도로 시작하지."

"네? 아, 그럼 여유가 있는 날에는 그렇게 하시죠."

"아니, 여유가 없는 날에도 매일 하는 걸세. 자네 정말 그렇게 생각이 없는 건가? 저 바다 한가운데서 우리가 주님의 도움 아니고서는 무슨 힘이 있겠나?"

보좌관은 얼굴을 붉히며 존의 명령대로 따르겠다고 답했다. 존은 계속해서 아프리칸호의 규율을 정해 나갔다.

"그리고 주일에는 모든 선원이 예배를 드려야 하네."

"선원들 전부요?"

"그래, 하나도 빠짐없이 전부 말일세. 내가 우리 선원들을 위한 기도문을 작성 중이네."

존의 단호한 말에 다른 보좌관이 비꼬며 대답했다.

"네네, 좋네요."

존은 그의 비아냥을 보며 속으로 생각했다.

'그래. 네 녀석은 우리가 왜 기도문 따위가 필요한 지 이해가 안 가겠지.'

존은 옆에서 히죽거리며 웃는 보좌관을 쳐다보며 날카롭게 추궁했다.

"자네, 내 말이 우습나?"

"아닙니다, 선장님. 전혀 아닙니다."

****

1754년 8월, 드디어 아프리칸호가 긴 항해를 마치고 리버풀에 돌아왔다.

"그 소식 들었어?"

부둣가에서 밧줄을 옮기던 한 일꾼이 다른 일꾼과 이야기를 나누고 있었다.

"무슨 일이라도 있어?"

"아프리칸호에 탔던 사람들이 모두 안전하게 돌아왔대. 배도 파손된 거 하나 없이 멀쩡했다더라고."

그의 동료가 믿을 수 없다는 표정으로 하던 일을 멈추고 돌아봤다.

"선원들 전부 살아서 돌아왔다고? 그 말이 사실이야? 거짓말이 아니고?"

"그렇다니까. 그리고 그게 다가 아니야."

"뭐가 또 있어?"

"싣고 온 노예들도 모두 상태가 최상급으로 좋았다더군. 아마 노예들을 전부 비싼 값에 팔았을 거야. 뉴턴 선장님은 이제 부자야."

"말도 안 돼."

존의 아프리칸호 항해는 모두가 믿을 수 없을 만큼 엄청난 성과를 냈다. 그 당시에 배도 멀쩡하고, 선원과 노예들이 모두 건강하게 항구까지 돌아온 적은 거의 없었기 때문이다.

한창 이야기를 나누던 두 사람 뒤로 한 여성이 다가왔다.

"실례합니다. 저는 존 뉴턴 선장의 부인입니다. 혹시 방금 하신 이야기가 사실인가요? 정말 모두 무사히 왔나요?"

아프리칸호가 항구에 정박하자, 메리는 배를 향해 뛰어갔다. 존은 그녀를 껴안으며 새로운 소식을 알렸다.

"조셉 선장님이 더 좋은 배를 나한테 맡겼어요. 아프리칸호를 성공적으로 이끈 걸 아주 좋게 봐주신 거 같아요."

메리는 얼굴 가득히 미소를 지으며 남편을 바라봤다.

"나는 당신이 잘할 거라고 믿었어요. 아마 다음번엔 이번보다 훨씬 더 좋은 결과를 낼 거예요."

"고마워요. 하하하!"

****

존이 다음으로 맡게 된 배는 왕벌호The Bee였다. 그런데 출항을 단 이틀 남긴 어느 날, 아무도 상상하지 못한 일이 일어났다. 한 선원이 조셉 선장의 집무실로 달려왔다.

"갑자기 무슨 일인가?"

선원의 얼굴에는 걱정이 가득해 보였다.

"뉴턴 선장님의 일입니다. 갑자기 쓰러지셨는데 의사는 뇌졸중이라고 합니다."

"뭐라고? 뇌졸중이라고? 대체 무슨 일인지 자세히 설명해 보게."

선원은 존의 상황을 설명하기 시작했다. 존은 평소와 같이 일을 하고 있었다. 그런데 순간 어딘가 꽉 조여 오는 듯한 통증에 그대로 쓰러져 이리저리 뒹굴었다. 눈은 위로 뒤집힌 채였다. 그리고 그대로 누워서 뻗어버렸다. 숨은 쉬고 있었지만, 몸은 전혀 움직이지 않고 있었다.

"계속하게"

잠시 이야기를 멈춘 선원에게 선장이 계속 말하라고 재촉했다.

"선장님이 깨어나긴 하셨는데 계속 어지럽다고 하십니다."

"의사는 만나봤나?"

"지금 의사가 와서 봐주고 계십니다."

다음 날, 왕벌호는 예정대로 출발했다. 왕벌호에는 다른 선장이 존을 대신해서 탔다. 존은 아직 서른도 채 안 된 젊은 나이였다. 존은 항구를 떠나가는 배를 보며 걱정이 앞섰다.

'앞으로 메리와 어떻게 살지? 뇌졸중으로 은퇴한 나이 어린 선장이 뭘 할 수 있을까?'

7. 세관 조사관

"이렇게 나란히 바닷가를 걸으니 너무 행복하네요."

존이 아픈 후, 메리는 매일 그와 함께 바닷가 산책을 나갔다. 그날도 존과 메리는 바닷가에서 산책을 하고 있었다.

"메리, 난 다시 저 바다로 돌아갈 수는 없겠죠. 앞으로 내가 뭘 할 수 있을까요? 평생 배를 타고 살아온 나를 받아줄 곳이 있기나 할까요?"

메리는 남편의 팔을 꼭 잡아 줬다.

"그럼요. 당신이 할 수 있는 일이 분명히 있을 거예요. 나는 당신이 내 옆에 있는 것만으로도 감사한걸요."

"진짜 이상한 일이죠. 왜 하필 그때였을까요? 내가 새로운 배의 선장이 되어 출발하려 했을 때, 갑자기 몹쓸 병이 내 길을 막아섰어요."

"나는 오히려 감사한걸요. 그때 당신이 뇌졸중으로 쓰러지지 않았다면, 당신은 지금 내 곁에 없었을 거예요. 아마도 대서양 어딘가에 있겠죠."

두 사람은 잠시 말없이 길을 걸었다. 이윽고 존이 다시 말을 꺼냈다.

"어쩌면 하나님께서 나의 길을 막으셨다는 생각도 들어요. 하지만 왜 그러셨을까요?"

"당신이 노예무역을 그만두기를 원하셨던 게 아닐까요?"

존은 잠시 멈춰 메리를 바라봤다.

"메리, 당신은 내가 하던 그 일을 좋아하지 않았죠."

"맞아요. 그 불쌍한 영혼들을 생각하면 지금도 마음이 아파요. 그들은 사랑하는 가족들과 억지로 떨어져 낯선 땅으로 와 누군가에게 팔리고 죽을 때까지 일을 하잖아요."

"그런데 꼭 나쁜 점만 있는 건 아니에요. 그들 대부분은 하나님에 대해 한 번도 들어본 적이 없어요. 하지만 그들이 미국이나 서인도제도로 가면 교회를 가게 되죠. 주인들이 주일마다 교회에 데리고 가니까요. 캐롤라이나에 있을 때, 그들이 따로 찬송가를 만들어 부르는 것도 봤어요."

"그들이 찬양을 부를 때, 행복해 보이던가요?"

메리가 되묻자, 존은 의아했다.

"메리, 그게 무슨 말이에요?"

"찬송을 부르는 그들의 마음을 한번 생각해 봤어요. 어쩌면 애굽에서 노예생활을 하던 이스라엘 백성의 마음과 같지 않았을까요? 시편에 나온 시들이 얼마나 슬픈지 생각해 봐요."

존은 가만히 시편의 구절을 떠올렸다.

"우리가 바벨론의 여러 강변 거기에 앉아서 시온을 기억하며 울었도다 그 중의 버드나무에 우리가 우리의 수금을 걸었나니 이는 우리를 사로잡은 자가 거기서 우리에게 노래를 청하며 우리를 황폐하게 한 자가 기쁨을 청하고 자기들을 위하여 시온의 노래 중 하나를 노래하라 함이로다"

시편 137:1-3.

존은 말없이 꽤 오랜 시간 생각에 잠겼다. 그리고 이내 다시 발걸음을 떼며 말했다.

"우리 이제 집으로 돌아가요."

****

1755년 8월, 존이 뇌졸중으로 쓰러진 이후 9개월 정도의 시간이 흘렀다. 존은 몸이 좋아지면서 리버풀 항구에 있는 세관 사무실에 출근하기 시작했다. 항해를 마치고 돌아온 배의 물건들을 조사하는 세관 조사관으로 일하게 된 것이다. 존은 세관 사무실로 첫 출근을 마친 후에 아내에게 편지를 썼다. 당시 메리는 몸이 좋지 않아 이전에 살았던 런던 남부에서 지내고 있었다.

나의 사랑, 메리에게

이곳에서 일은 2주 간격으로 돌아가면서 한답니다. 한 주간은 항구에 들어오는 배들에 미리 올라타 검사를 하고, 다른 한 주간은 항구에서 대기하고 있는 배를 둘러보며 검사를 해요. 들어오는 배를 검사하는 업무는 아주 힘들어요. 밤낮없이 불려 나가거든요. 그래도 우리 사무실 공간은 아주 좋답니다. 따뜻하게 불을 피울 수 있고, 일을 할 수 있도록 환히 밝혀주는 양초도 잔뜩 있죠. 내 밑에서 일하는 부하 직원이 5-60명쯤 있어요. 오늘은 바람이 아주 많이 부네요. 몸조리 잘해요.

당신을 사랑하는 존으로부터

그 주 마지막쯤, 존은 또 메리에게 편지를 썼다. 편지에는 그날 무역선에서 찾아낸 물건들에 대한 내용이 적혀 있었다.

언제나 내 편인 메리에게

배가 도착하면 선장들은 배에 무엇을 싣고 왔는지 신고를 해요. 그러면 직원들이 배 안을 돌아다니며 그들이 신고한 물건 이외에 다른 물건은 없는지 확인을 해요. 오늘 우리는 한 선장이 숨겨 놓은 물건들을 찾아냈답니다. 담배, 술, 양초, 그리고 꽤 많은 커피였어요. 우리가 발견하지 못했다면, 그 선장은 아마 부당한 방법으로 그 물건들을 매우 비싸게 팔았을 거예요. 우리는 그렇게 신고 안 된 물건들을 찾으면 보너스를 받게 돼요. 나도 벌써 여러 번 보너스를 받았어요. 그러니 걱정 말아요. 나는 이곳 생활에 꽤 빨리 적응하고 잘 해내고 있답니다. 아마 다음에는 당신에게 예쁜 드레스 하나를 선물할 수 있을 것 같아요. 그때까지 당신이 빨리 건강해지길 기도할게요.

당신이 너무 보고 싶은 존으로부터

****

존이 세관 사무소에서 일하기 시작한 지 한 달 정도 지났을 때였다. 세관 사무실이 있는 리버풀에 조지 화이트필드George Whitefield라는 유명한 목사님이 초청돼 오게 됐다. 존은 예전에 런던에서 그분의 설교를 들어본 적이 있었다. 그래서 이번 리버풀에서의 설교 또한 놓치고 싶지 않았다.

"이번 주는 정박한 배만 검사하니, 화이트필드 목사님의 설교를 들으러 갈 수 있겠어. 세인트 토마스St. Thomas 광장에서 새벽 5시에 예배를 드린다고 하니, 맞춰서 가야지."

이날 존에게는 더 큰 은혜가 뒤따랐다. 예배 시간에 맞춰 갈 수 있었던 것은 물론이고, 화이트필드 목사님을 따로 만날 기회까지 생긴 것이다. 존이 머물고 있는 집의 여주인이 목사님을 집으로 초대해 저녁 식사를 같이한 덕분이다.

그날 밤, 존은 머릿속에 떠오르는 여러 가지 생각 때문에 쉽게 잠을 이룰 수가 없었다. 특히 리비풀 항구에서 누군가가 자신을 가리켜 '어린 화이트필드 목사님'이라고 한 것이 계속 떠올랐다.

'사람들에게 하나님의 말씀을 전하고 싶어.'

존은 고개를 저으며 머릿속에 떠오른 생각을 지우려 애썼다.

'아니야, 나 같은 사람이 감히 하나님의 말씀을 전할 자격이 있을까?'

****

1756년, 프랑스와 스페인의 전쟁이 시작됐다. 그 영향으로 평화로웠던 리버풀에도 긴장감이 돌기 시작했다.

"요즘 길거리에서 병사들이 사람들을 강제로 끌고간다고 합니다. 해군들은 선원들을 데려가고요."

한 선원의 말에, 존은 예전에 영국 해군에 끌려갔던 기억이 떠올라 몸서리를 쳤다.

"당연히 그러겠지. 왕은 전쟁터에 나갈 사람들이 필요할 테니 말이야. 그렇게 억지로라도 잡아가지 않으면 아무도 군대에 안 갈걸."

그로부터 얼마 후, 존은 세관 사무실이 어지럽혀져 있는 것을 보게 됐다.

"이게 무슨 일이야?"

자리를 치우고 있던 한 직원이 간밤에 있었던 일을 설명해 줬다.

"며칠 전에 40여 명의 선원들이 해군들에게 바다로 끌려갔습니다. 그런데 그들이 배에서 반란을 일으켜 보좌관을 죽이고 해변가로 도망쳤대요. 사흘 동안 숨어 다니다가 다시 잡혔고요."

"그게 우리 사무실이 엉망진창된 거와 무슨 상관이야?"

"배에서 도망친 선원 중 하나가 이곳에 숨어들어서 해군들이 그를 쫓아왔대요. 그런데 우리 직원들이 그 도망가던 선원을 도우려고 해군들과 싸웠다가 이렇게 됐다고 합니다."

"누구 다친 사람은 없나?"

"직원 하나가 조금 다쳤습니다. 그래도 그 선원이 무사히 도망쳤다고 하니 얼마나 다행인지 몰라요."

존도 고개를 끄덕이며 안도의 한숨을 내쉬었다.

****

"저 멀리 보이는 배는 뭐지?"

세관 사무실의 한 직원이 망원경을 든 직원에게 물었다.

"내 눈이 잘못된 게 아니라면 황금사자호 The Golden Lion 야."

서류를 작성하고 있던 존이 고개를 들어 물었다.

"방금 황금사자호라고 했나? 그건 조셉 선장님의 고래잡이 배가 아닌가? 그린란드 Greenland 에서 돌아오는 중일 거야."

"그런데 해군들이 황금사자호로 가고 있어요. 어떡하죠?"

직원들의 물음에, 존은 망원경을 들었다.

"해군들이 황금사자호에 올라탔는데, 선원들이 무기를 들고 있군. 몇몇은 고래잡이 칼이랑 창을 들고 위협을 하고 있네. 곧 싸움이 일어날 것 같아. 오, 저런, 안 돼! 선원들이 해군을 난간으로 몰아붙이고 있어. 저러다가는 누군가 바다에 빠질 거 같은데."

"어떻게 됐습니까?"

젊은 직원 하나가 겁에 질린 채 묻자, 존은 웃으며 말했다.

"하하, 용감하신 해군들이 허겁지겁 자신들의 배로 도망가고 있다네. 저렇게 빠를 수가 없군."

"본때를 보여 줬네요. 아주 후련합니다."

존과 직원들은 즐거운 마음으로 다시 자리로 돌아가 일하기 시작했다. 그때였다. 갑자기 밖에서 "쾅!" 하는 큰 소음이 들려왔다. 존은 망원경을 다시 들고 창문 밖을 내다봤다.

"믿을 수가 없군. 해군들의 배가 황금사자호를 향해 대포를

쏘고 있어!"

황금사자호는 아홉 번의 대포탄을 맞고 처참히 망가진 상태로 바다 멀리 달아났다. 그 뒤를 해군들이 쫓았다.

다음 날, 황금사자호 선원들이 해군의 추적을 피해 세관 사무소로 도망쳤다. 이를 알게 된 해군들도 그 뒤를 쫓아왔다. 거친 싸움 끝에 황금사자호의 선원 5명이 결국 잡혀갔다. 황금사자호의 선장도 잡혀갔지만 곧 풀려날 수 있었다.

****

존은 전쟁으로 사람들이 끌려가는 상황에 안타까운 마음을 숨길 수 없었다.

"사람들이 잡혀가는 걸 보니 너무 슬프네요. 전쟁 때문에 수많은 사람이 끌려가면, 그들의 가족은 사랑하는 사람과 억지로 헤어지게 되잖아요. 시민들은 영국 왕을 위해 끌려가 있는데, 정작 아무도 그들의 가족을 돌봐 주지 않네요."

존의 한탄에 메리도 고개를 끄덕였다.

"그 가족들을 위해 기도하고 있어요. 하지만 내 기도가 별로 큰 도움이 안 되는 거 같네요."

"아니에요, 메리! 그들을 위해 기도하는 게 우리가 할 수 있는 일 중 가장 큰 일이에요. 왕 중의 왕께 구하는 거니까요."

"맞아요. 왜 나는 그 생각을 못 했을까요? 그들을 위해 더 열심히 기도해야겠어요."

****

1756년의 끝자락, 존은 메리의 부모님 집에서 가정예배를 준비하고 있었다. 존이 가정예배를 인도하는 것은 이번이 처음이었다.

메리가 설교 준비하는 존에게 다가가 물었다.

"걱정되나요?"

"기분이 이상해요. 오랫동안 배에서 선원들에게 예배를 인도해 왔었는데, 오늘은 그때와 전혀 다른 느낌이에요."

"당신은 잘할 거예요. 오늘 어떤 말씀을 전할 건가요?"

존은 성경을 들어 마태복음 5장을 폈다.

"예수님께서 산에서 전하신 말씀, 즉 산상수훈을 하려고 해요."

오늘 예배는 메리의 가족들과 함께 드리는 첫 가족예배였다. 메리는 존이 설교를 할 때 가족들을 돌아보지 않으려고 애썼다. 존의 설교를 듣는 가족들의 반응을 보고 싶지 않았기 때문이다.

"함께 기도합시다."

존이 기도로 예배를 마무리했다. 메리는 그제야 마음을 놓고 꼭 모으고 있던 두 손을 무릎 아래로 내렸다.

****

그로부터 얼마 후, 존의 친구가 찾아왔다. 그는 존의 성품과 설교 실력을 이야기하며 사역자가 될 것을 권했다. 그러나

존은 지난 세월 자신이 하나님의 이름으로 입에 담을 수도 없는 험한 말을 하며 죄를 지었던 사실들을 떠올렸다. 하나님께서 자신과 같이 죄 많은 사람을 주님의 말씀을 전하는 사람으로 세우실 수 있을까? 존은 스스로 사역자가 될 자격이 없다고 생각했다.

대신 그는 계속해서 성경을 공부하며, 하나님의 말씀을 연구하는 학자가 되고 싶었다. 그래서 옛 성경의 언어인 헬라어와 히브리어 등을 전보다 더 열심히 공부했다. 그러나 존은 하나님의 말씀을 전하고 싶은 마음을 떨쳐낼 수가 없었다.

존은 서른세 번째 생일날에 하루 종일 아무것도 하지 않고, 홀로 자신의 미래에 대해 고민했다.

'하나님은 정말 나를 사역자로 쓰실 계획이 있으신 걸까? 사역자로서 내가 충분한 자격이 있을까?'

새벽부터 저녁까지 그는 오롯이 혼자 있었다. 밤이 되어 메리가 그를 찾아왔을 즈음, 존은 하나님께서 자신을 부르시고 있음을 확신할 수 있었다. 이제 남은 것은 교회에 가서 공식적인 절차를 밟는 일이었다.

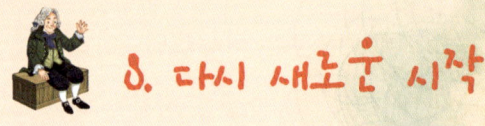
8. 다시 새로운 시작

이후로 몇 년간 존의 일상은 크게 달라진 점이 없었다. 그는 여전히 세관 사무소에서 일하고 있었다. 메리는 늘 한결같은 모습으로 존을 지지하고 격려해 줬다.

"출근해야 할 시간이네요."

매일 아침 출근하기 전, 존은 메리에게 다정하게 인사를 하고 그녀는 환한 미소로 화답해 줬다.

"그런데 아직 출근 시간까지는 많이 남았는데 빨리 나가시네요? 오늘 세관 사무소에 무슨 일이 있나요?"

"늦게 가고 싶지 않아서요. 그냥 나 스스로와의 약속인 거죠. 내가 늦는 것도 싫지만 다른 사람들이 늦는 것도 싫어요."

메리는 짓궂은 웃음을 지어 보였다.

"그럼 저도 당신에게 맞춰 '저녁 식사'를 준비해 놓을게요."

존은 웃으며 메리에게 입맞춤을 한 후 떠났다.
그날, 존은 메리의 농담이 내내 떠올라 계속 웃음이 났다. 특히 세관 검사를 나가기 위해 문 앞에서 시계를 붙들고 있던 자기 모습에 가장 크게 웃음을 터뜨렸다.
존이 배에 올라타는 모습을 보며, 세관 검사를 받아야 하는 선원들이 말했다.

"정말 시간 한번 딱 맞춰서 오시네요."

존이 배에 올라타며 선원들에게 말했다.

"저도 늦은 적이 있었죠. 그날은 아마 하나님께서 일부러 제 발걸음을 늦추셨던 거 같습니다."

세관 사무소 직원들은 그날 일을 기억한다는 듯 고개를 끄덕였다. 그중 한 명이 선원들에게 그날의 이야기를 들려줬다.

"한 번은 뉴턴 씨가 늦게 왔어요. 그래서 우리 모두 처음으로 늦게 검사하러 떠났죠. 그런데 출발한 지 얼마 되지 않아 수색하려 했던 배가 갑자기 '펑' 하며 터지고 말았지 뭡니까!"

그 장면을 떠올린 존은 몸서리를 치며 말했다.

"그 배에 타고 있던 사람들이 모두 죽었죠. 아마 우리도 제시간에 그 배에 올라탔다면 같은 운명이었을 겁니다. 하나님께서 자비를 베푸신 거죠."

옆에 있던 직원이 존의 말에 공감했다.

"우리 모두에게 자비를 베푸신 거죠. 뉴턴 씨가 매일 기도하고 하나님에 대해 알려주셨기 때문에, 우리가 그날 살 수 있었던 겁니다. 뉴턴 씨는 우리에게 하나님의 은혜를 깨닫게 해줬어요. 정말 뉴턴 씨가 꼭 목회자가 돼서 사람들에게 하나님을 알게 했으면 좋겠습니다."

"좀 더 참고 기다려야 해. 하나님께서 내가 목회자가 되길 원하신다면, 분명 적절한 때에 내게 그 길을 보여 주실 거야."

✳✳✳✳

존이 목사가 되기로 결심한 이후 6년이라는 시간이 흘렀다. 드디어 존은 올니Olney 지역에서 목회를 할 기회가 생겼다. 존과 메리는 리버풀에서의 일을 정리하고, 영국 중부 쪽에 위치한 올니 지역으로 이사를 했다. 이때 존의 나이는 서른아홉 살이었고, 메리는 서른다섯 살이었다. 두 사람의 인생에 아주 큰 변화가 찾아온 시기였다.

올니에 도착하고 얼마 지나지 않아, 메리는 부모님에게 편지를 썼다.

보고 싶은 아버지, 어머니께

올니에서의 생활이 많이 궁금하시죠? 우리는 이곳에서 그동안 경험해 보지 못했던 삶을 살고 있답니다. 올니 지역 사람들에 대해 아직 배워야 할 것이 많아요. 이 도시에는 큰 공장들이 여러 개가 있어요. 남편들이 주로 공장에 가서 일하고, 아내들은 집에서 레이스를 만들어요. 하루에 열 시간 이상을 일한다고 해요. 아이들도 어머니의 일을 도와 레이스를 만들어요. 아이들이 서너 살이 되면 실패를 돌려서 물레질을 하기 시작해요. 이들 모두 밤새 촛불 아래에서 레이스를 만드느라 눈이 좋지 않아요. 특히 밤이 긴 겨울에는 촛불 하나 아래에 서너 명의 여인들이 모여서 일을 하죠. 이제 존이 집에 왔네요. 다음에 또 편지할게요. 건강하세요.

올니에서 딸 메리로부터

뉴턴 부부는 친절한 이웃들의 도움으로 올니에서 빠르게 적응해 나갔다. 하루는 존이 집안일을 도와주는 가정부들에게 말했다.

"이곳에서는 어디를 가도 환영받는 기분이 드네요."

한 가정부가 일을 멈추고 존의 말에 답했다.

"물론이죠. 얼마 전에 우리 동네 여인들이 일하는 곳에 가셨죠? 그녀들의 고민도 들어 주시고, 성경도 읽어 주시고, 기도도 해 주셨다는 이야기를 들었어요."

"그랬죠. 그분들이 잠시 휴식을 가졌으면 했습니다. 그런데 함께 이야기하고, 성경을 읽고, 기도를 하는 중에도 그분들은 일을 계속해야 했답니다."

"그리고 찬송가도 불러 주셨다면서요."

다른 가정부의 말에, 존은 웃으며 말했다.

"원래 그분들이 일할 때 흥얼거리던 노래가 있는 거 같았는데, 찬송가를 부르면 더 좋지 않을까 해서 불러 줬습니다."

"그분들이 부르던 노래는 이 동네에서 꽤 오래된 노래예요. 이제는 목사님께 배운 찬송가가 불러질 테니, 주님을 향한 찬양 소리가 멈추지 않겠네요."

"생각만 해도 정말 기쁜 일이네요."

✶✶✶✶

존과 메리는 바쁜 어른들에게서 방치된 아이들에게도 관심을 기울였다.

"나는 이 지역 아이들에게 마음이 쓰여요. 어떤 아이들은 집에서 어머니를 위해 일만 해요. 또 다른 아이들은 길거리에 나와 무리 지어 다니며 나쁜 짓들을 하고요. 어른들의 보호를 받은 아이들이 거의 없어요."

존은 거리에서 무리 지어 놀던 아이들의 모습이 떠올랐다.

"맞아요. 나도 그 아이들을 위해 무엇을 할 수 있을까 계속 고민해 왔어요."

"존, 하지만 당신은 아이들과 지내본 경험이 없잖아요."

"우리에게 자식이 없으니 그런 경험이 없긴 하죠. 하지만 아이들과 함께할 기회가 전혀 없었던 건 아니에요. 물론 잊고 싶은 기억이기는 하지만요."

메리는 남편의 얼굴이 어두워지는 것을 느꼈다. 존이 말하는 아이들은 노예무역상을 하던 시절에 봤던 어린 노예들임을 어렴풋이 짐작할 수 있었다.

****

어느 날, 존은 길거리에서 어린 소년들이 싸우고 있는 모습을 보게 됐다. 아이들은 입에 차마 담지도 못할 험한 말들을 서로에게 내뱉고 있었다.

존은 아이들에게 다가가 물었다.

"이 아저씨가 배를 타고 항해하던 시절의 이야기를 들려줄까?"

순간 아이들의 시선이 존을 향했고, 한 아이가 물었다.

"아저씨는 목사님이잖아요. 배를 타는 사람이 아니잖아요?"

"나도 예전에는 배를 타고 저 먼 바다를 누비고 다녔단다. 아주 큰 배의 선장이었지."

"정말요?"

아이들 여럿이 동시에 외쳤다.

"이야기를 듣고 싶으면 모두 이쪽으로 와서 앉아 보렴."

존이 골목길 입구 쪽에 있는 벽에 기대어 앉았다. 그러자 아이들이 그의 주위를 둘러싸 앉았다.

"나는 열한 살 때부터 배를 탔단다. 그리고 바다에서 많은 모험을 했지."

"진짜요? 무슨 모험이었는데요?"

무리 중에 가장 키가 큰 아이가 믿지 못하겠다는 표정으로 말했다.

"어느 날 밤에 내가 잠들어 있을 때였단다. 어디선가 '쾅' 하는 소리가 들려왔지. 나는 눈도 못 뜬 채 갑판 위로 뛰어올라 갔어. 그랬더니 세상에 그런 난리 통이 따로 없었지."

"무슨 일이었는데요?"

"돛대 하나가 부러져서 갑판 위로 떨어져 있었던 거야."

"누가 죽지는 않았나요?"

"다행히 아무도 죽지 않았어. 하지만 선원 하나가 배에서 떨어지고 말았단다."

"바닷속으로요?"

"그래. 돛대가 떨어지면서 밧줄을 잡고 있던 선원이 그만 바닷속으로 빠진 거지."

"어떡해, 너무 무서워. 그 시커먼 바닷물에 떨어졌으니 얼마나 무서웠을까."

존은 자신의 모험담에 귀 기울이는 아이들을 가만히 봤다. 아이들의 몸 구석구석에는 먼지와 때가 묻어 있었다. 그 모습만으로도 아이들이 어떤 삶을 살고 있는지 짐작할 수 있었다.

"그다음은 어떻게 됐어요?"

아이들은 존이 다음 이야기를 해 주기를 기다렸다.

"선장이 밧줄을 찾아오라고 여기저기 소리를 질렀지. 그러고는 밧줄을 물에 빠진 선원을 향해 던졌어. 거센 파도 때문에 선원은 금방이라도 배 옆모서리에 부딪혀 죽을지도 모르는 아주 무서운 상황이었지. 그러던 중에 어떤 선원이 자신의 허리춤에 밧줄을 묶고 배 옆 부분으로 몸을 낮춰가며 접근했어. 파도가 우리 배를 향해 출렁이면서 물에 빠진 선원을 우리 쪽으로 밀어붙이고 있었거든. 그 덕에 밧줄을 묶고 그를 구하러 간 선원이 그 사람의 손을 겨우 붙잡았단다. 그걸 본 우리 배의 보좌관이 자기 몸에도 밧줄을 묶어서 두 사람을 도우러 달려갔어. 그날 참 많이도 고생했어."

"너무 재미있어요!"

한 소년이 흥분해서 소리쳤다.
존은 아이들의 반짝이는 눈빛에 크게 웃으며 대답했다.

"글쎄다. 그날 바다에 빠져 죽을 뻔했던 주인공에게는 그다지 재미있는 이야기는 아니었을걸?"

그날 이후, 아이들은 존을 만나기만 하면 그의 모험담을 이야기해 달라고 졸라댔다. 그는 아이들을 위해 시간을 내어 이야기꾼이 되어 줬다. 그렇게 시간을 보내며 친해진 후에는 집에 초대해서 배 모형을 만드는 수업을 열기도 했다.

"존 뉴턴 목사님, 계시나요?"

먼지를 뒤집어쓴 한 아이가 뉴턴 부부 집의 현관문을 두드렸다. 존은 미리 집안 식구들에게 나이 어린 친구들이 찾아올 수 있다고 귀띔을 한 적이 있다. 처음에는 문 앞에 있는 어린 아이를 보고 모두가 당황해했다.

"친구들이라니! 목사님은 참 이상한 친구들을 뒀지."

가정부는 부엌으로 되돌아가며 고개를 갸웃거렸다.
아이들은 늘 존의 이야기보따리를 궁금해했다.

"오늘도 또 이야기해 주시면 안 돼요?"

존은 여느 때와 같이 이야기를 시작했다.

"어느 날, 예수님이라는 분이 친구들과 함께 배를 타고 어디론가 가고 계셨단다. 그날은 날씨가 화창해서 배를 타기에 너무 좋았지. 예수님은 피곤하셔서 먼저 배 안에서 잠이 드셨어. 배를 걱정할 일도 전혀 없으셨어. 함께 배를 탄 친구들이 원래 어부였거든. 그런데 갑자기 바람이 거세지고 폭풍우가 몰아치기 시작한 거야. 파도가 얼마나 심한 지 바다에 익숙한 그 친구들도 모두 무서워 벌벌 떨고 있었어. '이대로 전부 물에 빠져 죽겠구나' 하고 생각할 때, 한 사람이 예수님을 깨웠어. 눈을 뜨신 예수님은 배 한가운데에 자리를 잡으셨지. 그러고는 세차게 부는 바람을 꾸짖고 출렁이는 파도에게 '잠잠해져라'고 말씀하셨어. 그랬더니 글쎄 바람이랑 파도가 언제 그랬냐는 듯 조용해진 거야. 예수님께서 말씀하신 그대로 이뤄진 거지. 그 이유가 뭔지 아니? 바로 예수님은 하나님의 아들이시기 때문이란다. 그분은 말 한마디로 바람과 파도를 가라앉힐 능력이 있으신 분인 거야."

"목사님이 해 주신 이야기 중에 이번 게 최고인 거 같아요."

가장 장난기 많은 아이가 손을 들고 말했다.

"이야기를 더 듣고 싶니?"

존이 묻자, 아이들은 하나같이 "네"라고 대답했다.

"좋아. 그러면 목사님과 일주일에 한 번씩 만날까? 매주 예수님에 대한 이야기를 해 줄게. 너희들 생각은 어떠니?"

"너무 좋아요."

아이들 모두 한 목소리가 되어 크게 대답했다.
시끌벅적했던 시간이 지나 어느덧 저녁 무렵이 됐다. 어린 손님들은 모두 돌아갔고, 존은 런던에 있는 친구에게 편지를 쓰기 시작했다.

나의 오랜 벗에게

나에게 20명의 어린 양이 맡겨졌네. 그들 한 명 한 명이 내가 7년 동안 노예선에서 물건을 팔아 번 돈보다 훨씬 더 값지고 귀하지. 이제 자네의 도움이 필요하네. 그들을 가르칠 수 있도록 하나님과 성경에 관한 책을 보내 줬으면 해.

감사를 담아, 존으로부터

거리의 아이들에게 하나님의 말씀을 전하는 일은 항상 순탄하지만은 않았다. 찾아오는 아이 중에는 정말 문제가 많은 아이도 있었다. 존의 머리카락을 잡아당겨 뽑아가는 아이도 있었다. 아이들은 점점 더 많이 몰려들었다. 어떤 때는 모임에 200여 명이 넘는 아이들이 한꺼번에 오기도 했다.

다행히 올니 지역에 가장 큰 부자가 존과 아이들의 모임에 대한 소문을 듣고 큰 빈집을 빌려 주기도 했다. 덕분에 존은 그곳에서 아이들뿐 아니라 어른들까지도 모아 여러 모임을 가질 수 있었다. 존과 메리 사이에는 자녀가 없었지만, 존은 수많은 어린이의 친구가 되어 줬다.

9. 나 같은 죄인 살리신 주님

어느 날, 메리의 아버지가 아프다는 소식이 들려왔다.

"아버지를 간병하러 친정에 가야겠어요. 거기에 머물면서 조카 벳시Betsy도 돌봐야 할 거 같아요."

존은 아내가 떠난다는 생각에 벌써 외로워졌다.

"물론 가야죠. 다만, 내가 당신 없이 지낼 수 있을지 모르겠어요. 사람들은 시간이 지나면 사랑이 식는다고 하는데, 나는 매일 당신을 사랑하게 되는걸요. 우리가 결혼한 지 26년이나 지난 지금 이 순간에도 말이에요."

"저도 그래요. 하지만 지금은 아버지 곁을 지켜야 해요."

존은 메리를 보내는 것이 몹시 슬펐다. 하지만 그녀가 그곳에 필요하다는 것을 잘 알고 있었다. 결국 존은 메리와 함께 그녀의 친정집에 가기로 결심했다. 두 사람은 떠날 채비를 서둘러 마쳤다. 메리는 가는 중에도 가족들 걱정뿐이었다. 특히 이제 막 다섯 살이 된 어린 조카 벳시가 가장 마음에 걸렸다.

벳시는 메리의 남동생의 딸이었다. 남동생은 태어나자마자 엄마를 잃은 딸 벳시를 지금까지 홀로 키우고 있었다.

"그 다섯 살짜리 아이가 엄마 없이 자란다는 건 말도 안 돼요. 또 밤이 돼야 보는 아빠가 무슨 도움이 되겠어요."

"우리 처남이 잘 해내고 있잖아요. 아내를 잃고 벳시를 혼자 돌본 게 벌써 5년이나 됐어요. 물론 걱정이 안 되는 건 아니죠. 모두가 벳시를 위해 노력하고 있어요. 그러나 엄마 없이 자라야 할 어린 벳시가 너무 가엽긴 해요."

메리가 집에 도착해 보니, 메리의 남동생도 상황이 좋지 않아 보였다. 뉴턴 부부는 걱정이 태산이었다.

✳✳✳✳

그로부터 몇 달 뒤, 메리의 남동생도 병을 얻고 시름시름 앓다가 결국 세상을 떠나고 말았다. 이제 어린 조카 벳시는 부모를 모두 잃은 고아가 됐다.

"우리가 저 가엾은 아이에게 뭘 해 줄 수 있을까요?"

메리의 말에, 존은 조금의 망설임도 없이 대답했다.

"우리가 벳시를 입양해서 키우도록 해요."

메리의 아버지는 뉴턴 부부의 결정을 반기지 않았다. 중년에 접어드는 목사 부부의 가정에서 어린 아이가 잘 자랄 수 있을지 걱정이 됐기 때문이다. 하지만 아버지의 걱정과는 달리, 벳시 덕분에 뉴턴 부부의 집은 온종일 웃음이 끊이질 않았다.
집사가 가정부를 향해 말했다.

"저 두 분이 저렇게 많이 웃으신 적이 있던가요? 작은 아가씨가 집에 오시고 나서는 집안에 늘 웃음이 가득하네요."

"아가씨가 버릇없이 굴 때만 아니면요. 하지만 목사님이 알맞은 때에 훈육을 하고 계시니 걱정 없을 거 같아요."

집사가 가정부의 말에 끄덕이며 말을 이어서 했다.

"그렇게 하셔야만 하죠. 집안사람들이 아가씨를 귀하게만 대하니 적당한 훈육도 필요해요."

"불쌍한 우리 아가씨. 저 어린 나이에 부모를 잃는 슬픔을 알아야 한다니요."

가정부는 고개를 흔들며 자기 일처럼 마음 아파했다.

"그래도 저렇게 훌륭한 두 분과 함께 있잖아요. 두 분 모두 아가씨를 아낌없이 사랑해 주시잖아요."

집사의 말이 끝나자마자 부엌 밖 마당에서 "쨍그랑" 하는 소리와 함께 큰 웃음소리가 들려왔다.

"밖에서 대체 무슨 일이 벌어지고 있는 걸까요?"

바깥 상황이 궁금한 가정부가 창문을 열고 소리가 들린 곳을 봤다. 그러자 창피함이 가득한 존의 얼굴이 보였다.

"큰 소리에 놀랐다면 미안해요. 시장 놀이를 하던 중이었어요. 낙타가 되어 손님을 모시고 시장에서 파는 접시들까지 싣고 다니려니 여간 쉽지 않군요. 다행히 손님인 우리 벳시 양은 등 위에 무사히 있지만, 접시들은 모두 떨어져 버렸지 뭐예요."

존은 큰 소리가 난 이유를 설명한 뒤에 떨어진 물건들을 주워 정리했다. 벳시는 이미 다른 모험을 찾아 떠난 뒤였다.

"방금 낙타라고 들은 게 맞나요?"

가정부는 자신이 들은 말을 믿을 수 없다는 듯이 웃어댔다.

"세상에! 목사님이 낙타라니?"

집사도 너무 웃어대 통에 말을 제대로 힐 수 없을 정도였다.

"마당에서 시장 놀이라니. 다음엔 또 뭘 할까요?"

****

그 후 2년 동안, 뉴턴 부부의 집에서는 벳시의 웃음소리가 가득했다. 물론 존과 메리의 웃음소리도 함께였다. 하지만 몸이 약해진 메리는 때때로 어린 소녀의 넘치는 힘을 감당하지 못할 때가 많았다. 그럴 때면 존은 벳시를 데리고 나가 함께 공부를 하거나 바다 한가운데서 펼쳐졌던 모험담을 들려주고는 했다.

"또 이야기해 주세요."

벳시는 거의 매일 존에게 이야기를 들려달라고 졸라댔다. 그는 시간이 될 때마다 벳시에게 이런저런 이야기를 해줬다. 특히 성경 속 이야기를 자주 해 주려고 노력했다. 이처럼 둘만의 시간은 존에게 하루 중 가장 귀한 시간이었다. 메리도 두 사람이 다정하게 앉아 성경 이야기를 나누는 것을 바라보는 것이 가장 행복했다.

"오늘 이야기는 우리에게 많은 교훈을 줄 거란다."

그날도 존은 여느 때처럼 향긋한 차를 마시며 벳시에게 이야기를 들려줬다.

"예수님에게는 3명의 친구가 있었지. 나사로와 그의 두 누이인 마르다와 마리아였어. 어느 날, 예수님께서 다른 먼 곳에 계실 때에 나사로가 병이 들어서 결국 무덤에 묻혔지. 누이들은 몹시 슬퍼했어. 예수님께서 함께 계셨다면 나사로가 그렇게 죽지 않았을 거라고 생각한 거야."

벳시는 이야기에 금방 빠져들었다.

"나사로가 죽고 며칠이 지난 후, 예수님께서 그들의 집을 찾아가셨어. 두 누이 중 하나는 예수님께서 바로 오셨다면 나사로가 죽지 않았을 거라고 말했지. 사랑하는 친구들이 슬퍼하는 모습을 본 예수님도 무척이나 슬퍼하셨단다."

"그리고 어떻게 됐어요?"

존은 사랑스러운 아이의 질문에 조용히 미소를 지었다.

"예수님은 나사로가 묻힌 곳을 찾아가셨어. 그리고는 '나사로야, 나오라' 하셨어. 그랬더니 기적 같은 일이 일어났지. 죽었던 나사로가 살아나 예수님 앞에 선 거야."

어린 소녀는 놀라서 눈을 동그랗게 뜨고 존에게 물었다.

"예수님은 저도 나사로처럼 다시 살아나게 해 주실까요?"

"물론이지. 그분만이 하실 수 있는 일이란다. 예수님을 믿는다면, 그분은 너가 죽은 뒤에도 영원히 하늘나라에서 행복하게 살게 해 주실 거야."

존의 말이 끝나자마자 벳시가 그를 꼭 끌어안았다.

"고모부, 사실 저는 죽고 싶지 않아요. 우리 아빠랑 엄마도 죽었잖아요. 하지만 전 고모랑 고모부 옆에서 계속 이렇게 살고 싶어요."

존은 벳시를 다독이며 부드럽게 말했다.

"우리도 모두 언젠가는 죽게 되어 있단다."

"어린 소녀들도요?"

"그럼, 어리고 작은 소녀들도 언젠가는 죽지. 그렇기 때문에 우리는 예수 그리스도께서 약속하신 부활을 꼭 믿어야 하는 거야."

벳시는 고개를 끄덕였다.

"그렇지만 저는 나이가 아주 많이 들 때까지 죽고 싶지 않아요."

존은 그 어느 때보다도 무거운 마음으로 벳시를 품에 꼭 안아 줬다.

****

몇 년이 흘러 벳시는 일곱 살이 되면서 기숙학교에 입학하게 됐다. 벳시가 없는 집안은 매우 조용했다.
거실에 앉아 있던 메리가 존을 향해 말했다.

"오늘 우리 벳시가 너무 보고 싶네요. 벳시에게 편지를 써 보내야겠어요. 그 어린 아이가 낯선 곳에서 우리를 많이 보고 싶어 할 거예요."

존은 읽고 있던 책에서 눈을 떼며 답했다.

"아마 새로운 곳에서 적응하느라 매우 바쁠 거예요. 친구들을 만나서 즐겁고 행복하기만 할 걸요. 쓸쓸한 건 우리뿐이죠."

그날 밤, 메리는 책상 앞에 앉아 무언가를 열심히 쓰고 있는 존에게 다가갔다.

"벳시에게 편지를 쓰는 건가요?"

"아뇨. 찬송가 가사를 쓰고 있어요."

그러자 메리가 웃었다.

"당신도 참 대단해요. 당신의 마음을 표현할 찬송가를 찾지 못하면, 그 자리에 앉아 찬송가 가사를 직접 쓰잖아요."

"이건 참 어려운 일이에요. 어떤 날에는 단어가 하나도 떠오르지 않을 때도 있어요."

메리는 피아노 앞에 놓인 의자 깊숙이 몸을 뉘었다.

"당신이 작사한 찬송가 중에 내가 가장 좋아하는 곡을 불러 줘요."

존은 메리가 말하는 찬송이 무엇인지 잘 알고 있었다. 그는 목을 가다듬은 후에 그 찬송가를 부르기 시작했다. 나지막이 시작한 찬송은 한 소절씩 부를 때마다 점점 커졌다.

나 같은 죄인 살리신 주 은혜 놀라워
잃었던 생명 찾았고 광명을 얻었네

존은 찬송을 부르며 자신이 바다에서 거의 죽을 뻔했던 날들을 떠올렸다.

큰 죄악에서 건지신 주 은혜 고마워
나 처음 믿은 그 시간 귀하고 귀하다

이제껏 내가 산 것도 주님의 은혜라
또 나를 장차 본향에 인도해 주시리

존이 마지막 4절을 부를 때에 메리도 함께 따라 부르기 시작했다. 마지막 4절은 천국에서의 영원한 삶에 대한 찬양이었다.

거기서 우리 영원히 주님의 은혜로
해처럼 밝게 살면서 주 찬양 하리라

****

벳시가 떠난 뉴턴 부부의 집은 매우 고요했다. 그러나 바깥 거리의 삶은 그렇지 못했다. 의류 산업이 점차 줄어들면서, 레이스를 만들며 살아온 올니 지역 사람들의 형편이 어려워졌기 때문이다.

어느 추운 날이었다. 외출을 하고 돌아온 존이 메리에게 얼마 전에 있었던 폭동 소식을 전했다.

"밀가루 폭동이 일어났어요. 식료품 가게에 가던 밀가루 배달차를 마을 사람들이 습격했다더군요. 형편이 어려워진 사람들이 오래 굶주리자 결국 참지 못한 거죠."

메리는 걱정스러운 표정으로 깊은 한숨을 지었다.

"우리 동네를 위해 무엇이든 해 봐야겠어요."

메리는 말을 끝내자마자 부엌으로 향했다. 그녀는 곧바로 집에 남아있는 음식들을 찾아보며 가난한 사람들에게 나눠 줄 계획을 세웠다.

"곳곳에 불이 나서 집을 잃은 사람들도 있다고 해요. 먹을 식량도 없는데, 집까지 잃은 거죠."

"그동안 모아온 기부금들로 그들을 도울 방법이 있지 않을까요?"

메리의 제안에도 존의 표정은 밝아지지 않았다.

"턱없이 부족할 거예요. 도움이 필요한 사람들은 많은데, 도울 방법이 별로 없네요. 곧 이 지역 사람들 모두가 살기 어려워질 거예요."

존의 예상은 빗나가지 않았다. 올니 지역은 나날이 살기 힘든 곳으로 변해가고 있었다. 존은 친구들에게 편지를 통해

도시가 얼마나 참혹하게 변하고 있는지 알렸다.

> 거리에는 극악한 무법자들이 넘쳐나고 있다네. 남의 집에 창문을 깨부수고 들어가서 돈을 훔치거나 빼앗는 무리가 점점 늘어나고 있어. 우리 집도 몇 번이나 위험에 처했었지. 그런 무리 중에 가장 나쁜 자는 술에 취한 자들이라네. 멀쩡해 보이던 사람도 술만 마시면 그렇게 위험할 수가 없어. 지난밤에는 4-50명쯤 되는 무리가 술을 마시고 밤 10시에 우리집을 쳐들어왔어. 메리는 겁에 질려 있었고, 나는 최대한 좋은 말로 그들을 타일러 보려고 애썼지. 무리의 대장에게 돈을 조금 쥐여 주며 더 이상 이런 짓을 하지 말아 달라고 했네. 더 현명하고 선한 방법으로 그들을 대하지 못한 것이 하나님의 말씀을 전하는 사람으로서 부끄러울 따름이야.

뉴턴 부부는 결국 점점 살기 어려운 곳으로 변해가는 올니 지역을 떠나야만 했다. 1779년이 끝나갈 무렵, 존과 메리는 올니를 떠나 런던의 동쪽 지역으로 이사했다. 존은 벳시에게 편지를 쓰며 새로운 보금자리를 소개했다.

집 앞으로 푸르른 나무들이 울창하게 서 있고, 그 뒤로는 소들이 풀을 뜯어 먹을 수 있는 너른 뜰이 있단다. 도시라기보다는 한적한 시골에 더 가까운 듯하구나.

벳시는 이사 간 집의 모습을 상상하니 첫 방학이 매우 기다려졌다. 창밖으로 보이는 초록빛 뜰과 그 위에서 한가롭게 풀을 뜯어 먹는 소들의 모습이 저절로 머릿속에 그려졌다.

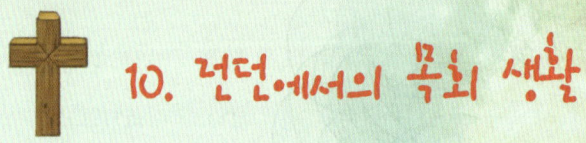
10. 런던에서의 목회 생활

메리는 존의 서재 문을 가볍게 두드린 후 방 안을 들여다봤다. 존은 서재 안에서 좀처럼 자리에 앉지 못하고 왔다갔다했다.

"걱정되는 일이라도 있나요? 당신이 그렇게 방 안을 돌아다니니 바닥에 구멍이라도 냈을까 싶어서 올라왔어요."

존은 메리의 농담에 별다른 반응을 하지 않고 그대로 의자에 털썩 주저앉았다.

"런던에서의 목회 생활 중 가장 힘든 건 도시의 소음과 줄줄이 이어지는 행사 일정인 거 같아요."

메리는 요즘 남편을 괴롭히는 고민을 알았기에 가만히 고개를 끄덕였다.

"시장님이 해마다 우리 교회를 찾아 주시는 건 감사한 일이죠. 그렇게 종종 다른 분들이 설교를 해 주시는 것도 좋고요. 단지, 그 이후에 시장님의 관저에서 열리는 저녁 만찬 파티가 문제예요. 주일 저녁을 보내는 방법으로는 알맞지 않은 거 같아요."

"당신 마음도 충분히 이해해요. 하지만 우리가 런던에서 이 교회를 섬기게 된 후 시장님이 오시는 건 처음이잖아요. 이번 만큼은 참석하는 게 좋을 거 같아요."

존은 저녁 만찬 파티에 빠질 수 있는 핑계를 고민하느라 아내의 말을 미처 듣지 못했다.

****

저녁 만찬 파티가 있는 날이 다가왔다. 존의 얼굴에는 걱정하던 것과는 다르게 웃음이 가득했다. 그때 시장이 존을 향해 걱정스러운 눈빛을 한껏 담아 다가왔다.

"목사님께서 저녁을 저희 관저에서 함께하지 못하신다니 매우 아쉽습니다. 그렇게 팔을 다치셔서 보호대를 하고 계시니 식사하는 게 매우 불편하시겠죠? 그래도 이런 몸 상태로 예배를 인도하러 와 주시니 너무 감사합니다."

"예배를 인도하는 건 어렵지 않아요. 오히려 팔을 움직여 식사하기가 훨씬 어렵죠."

얼마 전, 존은 어깨를 심하게 다쳐 붕대를 칭칭 감아야 했다. 덕분에 참석하기 싫었던 저녁 만찬 파티에 빠질 핑곗거리를 만들어 낼 수 있었다. 예배가 끝난 후에 시장과 그의 수행원들은 모두 교회를 떠났고, 존은 싱글벙글 웃으며 집으로 돌아갔다.

그날 저녁, 메리는 남편이 먹기 편하도록 고기를 잘게 썰어 접시 위에 놓아주며 말했다.

"당신, 일부러 다친 건 아니겠죠?"

존은 한바탕 크게 웃었다.

"나는 그저 우리 집 현관문 앞에 떨어져 있던 돌을 모르고 밟았을 뿐이에요. 그 돌 때문에 내가 벌러덩 넘어져서 어깨가 이리 다칠 줄 누가 알았겠어요."

존은 잠시 말을 멈췄다가 다시 말했다.

"하지만 이렇게 다친 게 아주 속상하지만은 않네요."

****

런던으로 온 지 1년이 되지 않았을 무렵, 뉴턴 부부는 큰 슬픔에 빠졌다. 메리의 여동생인 엘리자베스Elizabeth의 남편과 두 아이들이 하나님의 부르심을 받고 세상을 떠난 것이다.

"어떻게 이런 일이 있을 수 있죠? 엘리자베스도 폐결핵으로 아픈데, 하나 남은 아이인 일라이자Eliza는 어떻게 돌보죠. 자매들과 아버지를 한꺼번에 잃은 것도 큰 상처가 될 텐데요."

존은 아무 말 없이 메리를 안아 주며 말했다.

"메리, 엘리자베스와 일라이자를 이곳에 데려와 돌봅시다."

"네, 그렇게 해요."

뉴턴 부부가 엘리자베스에게 편지를 보낼 즈음, 그녀는 몸이 너무 약해져 움직일 수 없었다. 결국 열네 살인 일라이자만 뉴턴 부부의 집으로 오게 됐다. 뉴턴 부부의 집에 도착한 소녀의 모습은 금방이라도 쓰러질 것처럼 보였다.

"일라이자는 자신도 엄마처럼 아플 거라고 생각하고 있어요. 그 아이는 이제 그만 고통받고 차라리 죽었으면 좋겠다고 하더라고요."

존은 일라이자와 처음 만나 나눈 대화를 떠올렸다. 메리가 한 말이 과장된 것은 아니었다. 아직 어린 소녀에 불과한 일라이자는 자기 삶에 대해 너무 비관적이었으며, 삶에 지쳐 있었다.

"우리가 아이를 위해 더 많이 기도하고 신경씁시다. 분명 하나님께서 일라이자를 통해 이루시고자 하는 뜻이 있을 거라고 믿어요."

"네. 그리고 벳시도 일라이자의 어두운 그늘에 따라가지 않기를 기도하려고요. 서로가 잘 지내니 감사한 일이지만, 혹시라도 벳시에게 나쁜 영향을 미칠까 걱정이 되네요."

두 사람의 무거운 대화가 이어지던 중, 갑자기 거실 밖에서 우렁찬 목소리가 들려왔다.

"고모부!"

벳시였다. 벳시는 존을 향해 깡총깡총 뛰어왔다.

"고모부, 아직 일라이자 언니에게 고모부의 바다 모험담을 안 들려주셨어요?"

활기가 넘치는 벳시 뒤로 일라이자가 조심스럽게 다가왔다. 그녀는 손수건으로 입을 가리고 연신 기침을 해대고 있었다.

"그래, 마침 모두 있으니 좋은 기회인 거 같구나. 일라이자, 잠시 앉아서 내 이야기를 들어보겠니? 듣는 동안 기침이 멈추면 좋겠구나."

두 소녀는 함께 앉아 존의 이야기 속으로 빠져들었다. 일라이자는 이따금 기침을 했지만, 늘 손수건으로 입을 꼭 막고 있었다. 메리는 다행이라고 생각했다. 폐결핵은 굉장히 쉽게 전염되는 병이어서 다른 사람에게 금방 옮을 수 있는 무서운 병이었기 때문이다.

몇 주 뒤, 벳시가 존에게 심각한 표정으로 물었다.

"일라이자 언니도 죽게 될까요?"

존은 이제 열두 살이 된 벳시의 얼굴을 바라봤다. 아이의 얼굴에는 걱정이 한가득이었다. 존은 벳시를 달랬다.

"우리도 노력을 하고 있지만, 일라이자에게 아직 더 많은 기도가 필요한 거 같구나."

"일라이자 언니가 죽으면 나도 따라 죽을 거예요. 너무 미워요. 다들 왜 죽어야 해요? 나도 그냥 죽을 거예요."

울먹이며 소리치는 벳시를 보는 존의 마음은 한없이 무거웠다. 그는 벳시를 꼭 끌어안은 채 죽음에 관해 설명해 줬다.

사람들이 죽은 뒤에 가는 천국은 어떤 곳인지, 그리고 예수님께서 당신을 믿는 사람들을 위해 그 천국에 거할 곳을 마련하시고 영원히 함께하겠다고 하신 약속의 말씀도 전했다.

"그래서 어쩌면 죽고 싶다는 벳시의 마음은 잘못된 생각이 아닐지도 모르지. 천국은 여기보다 훨씬 더 좋은 곳이니까. 하지만 그저 내 앞에 주어진 것들이 무섭고 싫어서 도망가기 위해 죽고 싶다고 말하는 건 잘못된 마음이란다."

"하지만 나도 죽고 싶어요. 더 이상 아무도 떠나보내고 싶지 않아요. 그저 예수님 곁에서 모두 잊고 편안해지고 싶어요."

벳시는 여전히 울면서 말했다.

"다 이해한단다. 하지만 우리 벳시가 잊고 있는 하나가 있구나. 물론 예수님께서 천국에서 영원히 우리와 함께하겠다고 말씀하셨지만, 이 땅 위에서도 함께하겠다고 말씀하신걸."

"알아요. 하지만 예수님께서 지금 저와 함께 계시는지는 잘 모르겠어요."

열두 살 소녀가 감당하기에는 너무 큰 슬픔이었다. 벳시의 눈물은 그칠 줄 몰랐다. 몇 주 후, 끝내 일라이자는 가족들의 곁을 떠났다. 어린 벳시는 또다시 가족을 떠나보내야 했다.

****

어느 날 오후, 존은 교회로 갈 채비를 하고 있었다.

"교회에 다녀올게요. 3시쯤 올 거예요. 아마도요."

존이 자신 없이 말끝을 흐리자, 메리는 웃었다.

"당신, 어제도 그렇게 말하고 나가서 늦게 들어왔잖아요. 당신 주려고 준비해 뒀던 빵이 다 식어서 딱딱하게 굳었었단 말이에요."

"고민 상담하러 오는 사람들을 매정하게 돌려보낼 수 없으니 어쩔 수가 없어요. 그래도 사람들이 그렇게 교회로 오는 거에 그저 감사할 따름이에요."

존이 교회에 도착해 목회자실에 앉자마자 문을 두드리는 소리가 들려왔다. 들어오라는 말을 하자마자, 한 중년 부인이 바삐 들어왔다.

"스미스Smith 부인, 어서 오세요. 이쪽으로 앉으세요."

부인은 급하게 자리에 앉아 어쩔 줄 몰라했다.
존은 그녀를 진정시키고 무슨 일로 왔는지 물었다.

"목사님, 저한테 진짜 기쁜 소식이 생겼어요. 함께 기뻐해 주시길 바라서 이렇게 달려왔어요."

존은 속으로 조용히 한시름 내려놓았다. 최근에 마음을 어지럽히는 일만 가득해서 즐거운 소식이 간절했다.

"그러시군요. 좋은 소식이 뭔가요?"

부인은 기쁨을 감추지 못한 채, 흥분된 모습이었다.

"그러니까요, 그게 말이죠. 제가 복권을 하나 샀거든요. 그런데 말이죠, 그게…"

존의 얼굴에서 미소가 점점 사라졌다.

"네, 그래서요?"

부인의 입안에서 여러 단어가 맴돌기만 했다.

"그래서 제가 복권에 당첨이 됐지, 뭐예요! 꽤 많은 돈이 당첨됐어요. 제가 너무 흥분돼서 이렇게 한걸음에 달려온 거예요. 얼마나 기쁜 일이에요? 저와 함께 기뻐해 주세요. 그리고 이 귀중한 돈에 감사하는 기도를 함께해 주세요."

부인은 이야기를 끝낸 후에도 흥분을 감추지 못했다. 그녀는 숨을 크게 내뱉으며 의자 뒤로 몸을 기댔다. 그러다 그녀는 무언가 달라진 분위기를 느끼며 자세를 똑바르게 고쳐 앉았다.
존이 매서운 표정으로 말했다.

"스미스 부인, 끊임없는 유혹을 받고 있을 당신을 위해 기도하겠습니다."

존은 부인이 대답할 틈도 주지 않은 채 기도를 시작했다. 그녀가 다시는 복권 같은 것에 헛된 희망을 두지 않게 해 주시기를 주님께 기도했다. 그리고 하나님께서 주신 삶을 성실하게 살며 정직한 결과와 보상을 기다릴 수 있기를 간절히 바랐다.

존의 기도가 끝나자, 둘 사이에는 정적이 흘렀다. 부인은 자리에서 일어나 존에게 감사 인사를 한 후 목회자실을 나섰다. 그녀의 눈에는 눈물이 고여 있었다.

부인이 떠난 뒤, 또 다른 누군가가 목회자실의 문을 두드리고 조심스럽게 들어왔다. 존은 그의 모습을 보고 큰 고민거리가 있음을 단번에 알아챌 수 있었다.

"목사님의 조언이 필요합니다. 저는 지금 사탄으로부터 공격을 받는 것만 같습니다. 성경을 읽으려고 아무리 애를 써도 자꾸 다른 생각이 머릿속에 떠오릅니다. 그리고 마음을 다잡고 기도를 하려고 해도 기도에 집중하지 못하고 자꾸 다른 생각을 하게 됩니다. 예배 시간에도 도무지 집중할 수가 없어요. 자꾸 사탄과의 전쟁에서 제가 지고 있는 거 같습니다."

"형제님, 그동안 매우 힘드셨겠네요. 혹시 무슨 특별한 일이라도 있었을까요?"

그는 고개를 끄덕였다.

"제가 잠을 잘 자지 못합니다. 머릿속에 이런저런 생각들이 너무 많이 떠올라서요. 그리고 잠을 자더라도 무서운 꿈만 자꾸 꾸게 됩니다. 차라리 깨어 있는 편이 나을 정도예요."

존은 그를 안타까운 눈빛으로 바라봤다.

"제가 하나님에 대한 믿음을 잃은 걸까요?"

그가 떨리는 목소리로 묻자, 존은 강하게 고개를 저으며 말했다.

"그럴 리가요. 만일 형제님께서 그런 생각이 드신다면, 이것을 꼭 기억하고 되새겨 보세요. 당신의 믿음은 하나님으로부터 오는 거지, 나약한 인간으로부터 오는 게 아니라는 걸요. 하나님은 당신을 놓아버리시는 분이 아닙니다."

그는 안도감에 한숨을 내뱉었다. 그의 어깨를 무겁게 짓누

르고 있던 짐이 한결 덜어지는 느낌이었다.
존은 그의 표정을 보며 색다른 이야기를 꺼냈다.

"그리고 제가 볼 때, 형제님은 무엇보다 휴식이 필요한 듯 보이네요. 바다 같은 곳으로 휴가를 가는 게 어떻습니까?"

"휴가요? 저는 목사님이 제게 설교를 늘어놓으실 줄 알았어요. 그런데 휴가라뇨."

깜짝 놀라하는 그를 보며, 존은 싱긋 웃었다.

"설교라면 주일에 여러 번 하는걸요. 하지만 형제님께 지금 필요한 건 어깨에 짊어진 짐들을 내려놓고 휴식을 취하는 거라 봅니다. 형제님이 삶에 지쳐 있기에 더 이상 싸울 힘이 없는 거죠. 잠깐이라도 바람을 쐬면, 한결 나아질 겁니다."

그는 목회자실 문을 처음 두드릴 때에 세상 걱정을 모두 짊어진 사람 같았지만, 존과의 대화를 마치고 나서는 한결 편해진 사람으로 변해 있었다.
곧바로 목회자실 문을 두드리는 소리가 들려왔다. 이번에는 여러 남성이 함께 들어왔다. 그들은 은행에서 일하는 사람들이었다. 그리고 존이 인도하는 예배를 드리러 오는 사람들 중에 가장 부자들이었다. 다만 그만큼의 신앙심은 없었다.

"무슨 일로 저를 찾아오셨나요, 형제님들?"

존이 묻자, 검은 머리의 남성이 대표로 자신들의 고민거리를 털어놓기 시작했다. 한참을 경제와 금융시장이 어떠하다는 등의 소리를 잔뜩 늘어놓았다. 그러다가 결국 자신들이 돈을 벌 기회가 줄어들고 있다는 이야기를 했다.

존은 남성들을 한 사람씩 살펴봤다. 남성들 모두 넉넉한 삶을 살아가는 자들이었다. 그들 중 과연 몇 명이나 불 피울 땔감이 없어 추운 집을 걱정하고, 당장 오늘 저녁에 먹을 음식이 없어 굶주릴 걱정을 해 봤을까? 그런 생각도 잠시, 존은 대화에 집중하려고 애썼다. 검은 머리의 남자는 아직도 불평을 이어가고 있었다. 존은 손을 올려 남자의 말을 끊었다.

"형제님들, 아주 오래된 유명한 회사가 하나 있습니다. 이 회사는 아주 많은 사업을 하고 있죠. 하지만 그 사업들은 사회의 경제뿐 아니라 우리 교회에도 해를 끼치고 있답니다."

남성들은 흥미롭다는 표정을 지었다.

"그 회사의 이름이 뭔가요, 목사님?"

"네, 그 회사의 이름은 '사탄, 자신 그리고 기업'입니다."

순간 찬물을 끼얹은 것 같은 분위기가 목회자실을 감쌌다. 그 누구도 존의 눈을 똑바로 쳐다보지 못했다.

"제가 여러분의 이야기를 듣고 있으니, 그 사탄의 회사에서 일하시는 게 아닌가 하는 생각이 문득 듭니다. 혹시라도 여러분이 그 회사에 다니고 계신다면, 저는 여러분이 다른 일자리를 찾기를 권해 드립니다."

그들은 바로 이런저런 변명을 대며 인사를 하고 목회자실을 떠났다. 그곳을 나오자마자 무리 중 한 사람이 분노에 차서 말했다.

"사탄의 회사라니! 어떻게 그런 말을 할 수가 있지?"

하지만 다른 사람들은 생각이 조금 다른 것 같았다. 어쩌면 존의 말대로 사탄의 회사에서 자신의 욕심을 더 채우려고 살아왔던 것일지도 모른다.

"오늘은 제시간에 따뜻한 빵을 먹을 수 있을까요?"

존은 집에 도착하자마자 메리를 찾았다. 메리는 따스한 미소로 남편을 맞아 줬다.

"그럼요. 오늘은 교회에서 바쁘지 않았나 봐요?"

존은 오늘 찾아온 사람들이 늘어놓은 이야기들을 굳이 메리에게 전하고 싶지 않았다. 대신 그는 따뜻한 빵 한 쪽을 뜯어 먹으며 답했다.

"그럴 리가요. 오늘도 바쁜 하루였어요!"

 11. 윌리엄 윌버포스

1785년 12월 어느 날, 누군가가 목회자실 문을 두드렸다.

"들어오세요."

곧바로 젊은 청년 하나가 들어와 편지 한 통을 내밀었다. 편지를 열어보니 맨 아래 멋들어지게 한 서명이 가장 먼저 눈에 띄었다. 존은 앞에 서 있는 청년을 올려다봤다.

"서명이 꽤 인상 깊네요."

청년은 존의 가벼운 인사에 심각한 표정을 지으며 말했다.

"제가 이곳에 온 건 비밀로 해 주셨으면 합니다. 이곳에 워낙 보는 눈들이 많은 듯해서요. 의회에서 일하는 저를 알아보는 사람들이 있을지도 모릅니다."

"당신에 대해 많이 들었습니다, 윌리엄 윌버포스 씨. 저는 윌버포스 가문의 사람들과 친분이 있죠. 다 제가 정말 좋아하고 아끼는 친구들이랍니다."

잔뜩 긴장했던 윌리엄은 조금 편해진 듯 보였다.

"윌리엄 씨, 여기에 오신 건 비밀로 하겠습니다. 근데 뭔가 털어놓고 싶은 비밀이 있는 거 같군요?"

윌리엄은 의자에 앉은 채로 두 손을 꼭 맞잡았다.

"저에 대해 들으신 게 있나요?"

청년의 물음에 답하기 전, 존은 잠시 생각을 해야 했다.

"글쎄요, 당신은 영국을 대표하는 의회의 의원이지요. 새로운 총리인 윌리엄 피트William Pit와도 친분이 있다는 것도 알고 있습니다. 큰아버지께서 신실한 그리스도인이셔서 윌리엄 씨를 믿음의 길로 들어서게 도와주셨다죠. 부모님은 자유로운 사고를 가지신 분들이라 당신이 색다른 경험을 할 수 있게 격려해 주셨고요. 그리고 의회에서 활동하기 전 케임브리지대학교 University of Cambridge에 다녔던 것도 알고 있습니다."

"좋은 말씀만 해 주시는군요. 저에 대한 다른 소문들도 많았을 텐데요?"

"네, 그런 소문들도 모두 들었죠. 하지만 저는 다른 사람들에게 들은 말은 믿지 않습니다. 제가 직접 본 게 아니니까요."

"아마 그렇게 들으신 것들도 거의 다 사실일 겁니다. 저는 '파이브 클럽'이라는 상류층 사교계 모임의 회원이죠. 모임에서는 도박과 갖가지 유흥을 즐깁니다. 그래서 지금 제가 교회에 온 걸 사람들이 몰랐으면 한 겁니다. 제가 미쳤다고 할 거예요. 어쩌면 제가 진짜 미친 걸 수도 있고요. 하지만 목사님을 꼭 만나러 와야 했습니다."

✳✳✳✳

두 사람은 더 깊은 대화를 나누기 위해 존의 집에서 따로 만나기로 약속했다.

"젊은 신사 한 분이 오셨는데, 이름을 밝히시지 않네요."

집사가 존에게 와서 누군가의 방문을 알렸다.

"괜찮아요. 안내해 주세요. 저와 미리 약속했거든요."

곧 윌리엄이 집사의 안내를 받아 모습을 드러냈다. 자리를 잡고 앉은 윌리엄과 존 사이에 잠시 침묵이 돌았다.
이내 윌리엄이 입을 열었다.

"목사님, 제가 여기까지 오는 데 얼마나 큰 용기가 필요했는지 모르실 겁니다. 바로 이 앞 골목에서도 수없이 고민했습니다."

존은 윌리엄의 말에 방긋 웃었다.

"알고 있습니다. 집 앞에서 서성이던 형제님을 봤죠."

윌리엄은 웃음을 터뜨리며 의자에 몸을 좀 더 기댔다.

"제가 뭘 숨기겠습니까. 목사님께 그냥 다 털어놓겠습니다."

존은 고개를 위아래로 끄덕이며 윌리엄의 이야기를 들을 준비를 했다.

"저는 굉장히 바쁜 일상을 보내고 있습니다. 의회에서 일하고, 일을 마친 후에는 사교모임, 무도회, 극장 관람 등으로 일정이 빼곡하게 차 있죠. 그렇게 바빠 뭔가를 하지 않으면 견딜 수 없을 거 같았죠. 하지만 그런 삶 속에서도 늘 허전한 기분이 들었습니다. 매일 밤마다 재미난 일들을 찾아다니면서도 채워지지 않는 느낌이었습니다."

"그래요. 그런데 어떻게 저를 찾아올 생각을 하셨습니까?"

"저의 오래된 친구인 아이작 밀너 Issac Milner가 목사님을 안다고 하더군요. 예전에 두 분이 만난 적이 있냐고 하던데요?"

"네, 기억합니다."

"그 친구는 제게 신약 성경을 읽어보라고 했죠. 그래서 읽어 봤더니, 저의 삶이 얼마나 잘못됐는지를 알 수 있었습니다."

윌리엄은 그렇게 하나님 앞에 새로운 삶을 살게 된 이야기를 이어갔다. 존은 마치 자신의 청년 시절 이야기를 윌리엄의 목소리를 빌려 듣는 듯했다. 존도 젊은 시절에 윌리엄과 같은 고민들을 끊임없이 했다. 자신 역시 늘 새로운 삶을 살겠다고 다짐했지만, 다시 이전의 삶으로 돌아가는 실패를 반복했다.

"목사님, 제가 어떻게 해야 할까요? 제가 가진 것들을 모두 내려놓고, 일도 관둬야 하는 걸까요? 지금 속한 상류사회에서 벗어나 목회자의 길을 가야 하지 않을까요?"

윌리엄은 흥분한 채 손으로 얼굴을 감쌌다.
존은 그를 진정시키며 말했다.

"윌리엄, 나도 한때 당신과 같은 생각을 했답니다. 우선 지금 당신에게 맡겨진 일에 최선을 다하세요. 정치인으로서 열심히 활동하고, 지금 만나는 사람들과도 계속 잘 지내세요. 그리고 저와 함께 기도하며 우리의 고민을 하나님께 맡겨봅시다."

✳✳✳✳

이 만남 이후, 윌리엄은 존을 몇 번 더 찾아와 많은 대화를 나누었다. 두 사람은 곧 좋은 벗이 될 수 있었다. 뿐만 아니라 윌리엄의 진정한 신앙고백으로, 두 사람은 하나님 안에서 믿음의 형제가 됐다.

"목사님, 제가 드리고 싶은 이야기가 있습니다."

두 사람이 평화로운 오후를 즐기고 있던 어느 날, 윌리엄이 말을 꺼냈다.

"뭔가요, 형제님?"

"기분 좋은 이야기는 아닙니다만, 우리 함께 영국의 노예제도에 대해 이야기를 나누고 싶습니다."

존은 윌리엄이 어떤 사람인지 알고 있었기에 그의 이야기가 놀랍지 않았다. 윌리엄은 분명 좋은 일을 하는 데 앞장설 수 있는 따뜻하고 강한 사람이었다.

"몇 해 전, 노스North 의원이 노예무역은 영국의 경제 발전에 아주 큰 공헌을 하고 있다고 주장했습니다. 첫째로 대규모 농장에서 면직, 설탕, 술 같은 물건을 만드는 데에는 노예들이 꼭 필요하다고 했습니다. 둘째로 노예무역을 하면서 배를 만드는 조선 사업이 크게 발전했다고 했습니다. 영국 배들이 아프리카 대륙과 아메리카 대륙을 오가며 노예무역을 하면서 배 산업이 커진 건 사실이긴 하죠. 셋째로 노예무역으로 배들이 바다로 항해를 하면 청년들의 일자리가 채워진다고 했습니다. 넷째로 청년들이 배를 타면 영국 해군에 필요한 인재들도 키워낼 수 있다고 했습니다."

"꽤 그럴듯하게 들렸겠군요."

"하지만 제가 정말 참을 수 없었던 말은 노예무역이 아프리카의 야만인들을 문명화시킨다는 주장이었습니다. 그 가엾은 사람들을 사랑하는 사람들로부터 떨어뜨리고, 머나먼 이국땅에서 죽을 때까지 일을 시키는 게 노예무역입니다. 어떻게 그런 역겨운 생각을 할 수 있단 말입니까?"

존은 한숨을 쉬고는 혈기왕성한 청년을 달래 보려 했다.

"아마도 그 말은 아프리카 사람들에게 하나님에 대한 복음을 전할 수 있다는 말을 왜곡해서 한 거 같습니다. 그들이 탄 배의 선장이나 훗날 만나게 되는 주인들이 그리스도인이라면, 하나님을 만날 기회가 생기는 걸 수도 있습니다."

윌리엄은 눈썹을 치켜떴다.

"그렇다면, 그들이 말하는 하나님의 사랑과 은총은 머나먼 이국땅에 강제로 끌려가 뜨거운 태양 아래에서 채찍질을 당하며 노동을 하는 것입니까?"

존은 청년 시절에 노예무역을 하면서 그 참혹한 실상을 마주한 적이 있다. 하지만 그도 노예무역과 노예에 대한 잘못된 시각을 바꾸는 데 오랜 시간이 걸렸다.

"나 또한 젊은 시절에 했던 일들 때문에 심장이 저려 온답니다. 노예무역을 하는 사람들 모두가 나쁜 사람은 아닙니다. 하지만 대부분 나쁜 사람들이긴 합니다. 인간으로서 그보다 더 악해질 수 있을까요? 그런 이야기를 듣기도 했답니다. 어떤 배의 보좌관이 한 살 아이가 있는 여자 노예를 싣고 오는 길이었습니다. 어느 날 밤, 아이가 심하게 울어 좀처럼 잠을 잘 수 없었던 보좌관은 여자 노예에게 아이를 조용히 시키지 않으면 가만있지 않겠다고 협박을 했습니다. 하지만 그 열악한 환경에서 아기가 어떻게 조용히 있겠습니까? 결국 화가 난 보좌관은 아이를 그대로 바다에 던져버렸습니다. 그 모습을 본 엄마는 아기를 따라 바다에 몸을 던지려 했지만, 선원들이 그녀를 잡아 배 안에 묶어 두었다고 합니다. 여자 노예는 그들에게 돈이 되는 존재였으니까요."

지나간 아픈 기억들을 꺼내어 놓는 존을 보며, 윌리엄도 마음이 아파왔다. 노예무역선의 선장으로 일한 것은 존에게 상처이고 아픔이었지만, 윌리엄은 그가 자신의 뜻을 도와줄 수 있는 사람이라고 생각했다.

오랜 대화를 나눈 끝에, 윌리엄이 존에게 말했다.

"목사님은 특이한 이력을 갖고 계신 거네요. 가장 가까이서 노예무역의 실체를 보신 거 아닙니까? 저야 노예제도를 폐지해야 한다고 주장하면서도, 제가 아는 거라고는 사실 사람들에게 전해 들은 것밖에 없으니까요."

존이 윌리엄을 뚫어져라 쳐다보자, 그의 시선을 느낀 윌리엄이 물었다.

"목사님, 무슨 생각을 하십니까?"

"제가 오랫동안 해 온 기도의 응답이 바로 형제님일 거라는 생각이 듭니다. 사실 저는 그 당시 제가 하고 있는 일이 얼마나 나쁜 일인지 알지 못했습니다. 제가 하나님께 회개하고 난 다음에도 노예무역 일을 계속했습니다. 그때도 제 손으로 저지르는 죄가 얼마나 무거운 일인지 알지 못했습니다. 오히려 제 아내인 메리가 안타까워하며 더 이상 죄를 짓지 않기를 바랐습니다. 지금 와서 생각해 보면, 제 자신이 어쩜 그렇게 멍청했는지 모르겠습니다."

존은 잠시 숨을 골랐다. 그의 얼굴에는 지난날에 대한 후회가 짙게 드리워져 있었다.

"그나마 다행인 건 그 노예들이 사람인 걸 잊게 하지는 않으셨다는 점입니다. 어떤 사람들은 노예가 가축과 인간 그 사이 쯤의 존재라고 생각하기도 합니다."

윌리엄은 존의 이야기를 들으면서도 왜 자신이 존의 기도에 대한 응답인지 알 수 없었다.

"제가 목사님의 기도에 대한 응답이라고 하셨는데, 그게 무슨 뜻입니까?"

"윌리엄 형제님, 저는 아주 오래전부터 하나님께 간절히 기도해 왔답니다. 언젠가 저보다 더 용감한 사람들이 나타나 이 노예제도라는 악한 관습을 끊어내기를 말입니다. 아마 윌리엄 형제님이 그 용감한 사람들을 이끌어 갈 지도자가 아닐까 생각합니다."

윌리엄은 자기 앞에 앉아 있는 나이 많은 목사의 눈을 지그시 바라봤다.

"예, 목사님. 계속 기도해 주세요. 제가 그렇게 할 수 있도록 말이에요."

✱✱✱✱

존은 윌리엄이 떠나고 홀로 앉아 그날의 대화를 깊이 생각해 봤다. 자신도 무언가 해야만 한다는 생각이 머릿속에서 떠나지 않았다. 그는 고민 끝에 자신이 직접 보고 겪은 노예무역의 실상을 세상 사람들에게 알려야겠다는 결심을 하게 됐다. 그것은 자신의 어두운 과거를 폭로하는 일이기도 했다. 존은 펜을 들고 책의 제목을 썼다.

『아프리카 노예무역에 대한 생각』

존은 이 일이야말로 자신이 감당해야 할 몫이라는 확신이 들었다. 그리고 윌리엄을 다시 만났을 때, 자신이 쓴 글을 읽어 줬다.

"어떻게 생각하십니까?"

"목사님, 그 두 번째 문단을 다시 읽어봐 주시겠습니까?"

존은 목을 가다듬은 후 원고를 다시 읽었다.

"저는 이렇게 사람들 앞에 저의 과거를 내려놓고 노예제도에 대해 알리고자 합니다. 제가 어떤 큰일을 하고자 하는 것이 아닙니다. 그저 이 시대를 살아가면서 나의 과거를 숨기고 침묵을 하는 것도 또 다른 죄악이 될 것이기 때문입니다. 이미 많이 늦었지만 지금이라도 이 흉악한 죄악을 멈추기 위해, 제 양심에 따라 더 이상 침묵하지 않고 고백하려고 합니다."

"목사님의 용기가 부럽습니다."

존은 윌리엄의 격려에 고개를 저었다.

"그렇지 않습니다. 저는 이제 나이가 너무 들었습니다. 형제님처럼 앞에 나서 싸우기에는 나이도 많고 힘도 없습니다. 그러나 하나님께서 이런 제게도 다른 할 일을 주신 거라고 생각합니다. 제가 할 수 있는 일은 지난날에 노예무역을 했던 잘못과 죄악을 정직하게 고백하는 겁니다. 저와 같은 사람들의 고백을 발판 삼아 형제님과 같은 젊은이들이 앞서 싸워 줬으면 합니다."

윌리엄은 존의 교회를 다니며 예배를 드렸다. 그는 매주 예배가 끝난 뒤에 존을 찾아가 노예제 폐지운동이 어떻게 되어 가는지를 알려 줬다. 또한 자주 존의 집에 들려 그의 조언을 구하고, 존이 쓴 글에 대한 소식을 들고 왔다.

"목사님, 목사님의 글이 지방에까지 퍼져 노예제 폐지운동에 동참하고자 하는 사람들이 늘어나고 있습니다. 이제 몇몇 사람들의 힘없는 외침이 아니라 세상을 움직일 수 있는 하나의 물결이 됐습니다."

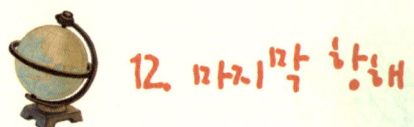
12. 마지막 항해

1789년 5월, 존은 일기장을 펴고 이렇게 써 내려갔다.

> 오늘 윌리엄은 의회에서 약 세 시간 반 동안이나 노예제 폐지에 관한 연설을 했다. 그의 말에는 힘이 있고 기품이 넘쳤다. 아직 어린 청년이지만, 윌리엄은 노예제 폐지에 대해 사람들의 지지를 이끌어낼 것이다. 나는 그의 앞길을 위해 늘 기도할 것이다.

다음 날, 존은 전날 자신이 쓴 일기장에 몇 줄을 더 적어 내려갔다.

> 윌리엄에게 아직 가르쳐 줘야 할 것이 남아 있는 것 같다. 노예제도를 폐지하는 것도 중요하지만, 그 목표를 이룬 다음에는 지금 노예로 있는 사람들을 풀어 줘야 하는 과제가 남게 될 것이다. 아마 수천만의 노예가 이에 해당할 것이고 많은 반발이 있을 것 같다. 그들을 부리고 있는 주인들이 가만히 있을 리 없을 테니 말이다. 그들은 자신들이 부리는 노예들 수만큼의 사람을 고용하려면 엄청난 돈이 들어간다는 것을 잘 알기 때문이다.

존은 펜을 내려놓고 의자에 몸을 기대었다. 수많은 생각이 머리를 스쳐 갔다. 존의 기억이 맞다면, 노예무역이 시작된 것은 1713년쯤이었다. 그 이후 지금까지 대서양을 건너 여러 나라로 끌려간 노예들의 수가 최소 10만 명 이상은 될 것이다. 그중의 반은 영국 배로 실어 날랐을 것이다.

'10만 명. 그중에 적어도 3만 명 정도는 땅을 밟기도 전에 목숨을 잃었을 것이다. 그리고 농장에 도착한 후로 그들은 약 7년 정도를 살다 죽어 나갔다. 대체 몇 명의 무고한 목숨이 죽어 나간 것인가?'

"윌리엄 씨가 오셨습니다."

집사가 윌리엄의 방문 소식을 알렸다. 따스한 봄날이었지만, 존은 담요를 두르고 앉아 있었다. 나이가 들수록 바깥 공기는 차갑게 느껴졌다.

"어서 와요, 내 어린 동지!"

존은 윌리엄을 환한 미소와 함께 맞이했다.

"나의 동지 어르신! 당신의 동지는 이제 더 이상 어리지 않답니다. 저도 이제 서른인걸요."

존은 윌리엄의 농담 섞인 말에 크게 웃으며 답했다.

"저런, 서른이면 이제 어리지 않은 나이라고 생각할 만하겠네요. 하지만 제 나이가 되어 보면, 그 시절이 얼마나 어렸던 건지 알 겁니다."

"올해 목사님의 연세가 어떻게 되시죠?"

"이제 나이를 세기도 어려울 정도로 늙었죠. 벳시 말로는 제가 올해 예순넷이라고 하더군요. 제 자신도 믿기지 않지만요. 제가 뇌졸중으로 노예무역선 선장을 관둔 게 딱 지금 형제님의 나이군요. 서른 살 생일이 되기 바로 전에 노예무역을 그만두었으니 말이에요."

윌리엄의 얼굴이 갑자기 심각해졌다.

"우리가 긴히 논의해야 할 문제가 있습니다."

존은 계속하라는 눈짓을 보냈다.

"미국과 서인도제도 쪽에서도 이 노예제 폐지운동을 지지하는 사람들이 점점 늘어나고 있다고 합니다. 이제 저희와 뜻을 함께하는 사람들이 점점 많아지는 거죠. 일부에서는 노예를 쓰는 농장에서 생산한 물건들을 사지 않겠다며 불매운동을 벌이기도 했답니다. 그리고 주변 지인들에게도 그런 곳에서 나온 설탕, 옷감, 술 등을 사지 말라고 권유하기도 하고요."

윌리엄의 이야기를 듣던 존이 근심 어린 얼굴로 말했다.

"네, 저도 그 소식은 들었습니다. 하지만 그게 좋은 방법인지는 모르겠습니다. 오히려 그 농장주와 같은 사람들을 더 자극하는 게 아닐까 걱정됩니다."

"제 생각도 같습니다. 불매운동하는 분들께도 걱정된다는 말씀을 드렸고요. 근데 중요한 건 그게 아닙니다."

"그럼 또 무슨 문제가 있나요?"

윌리엄은 한숨을 내뱉으며 말했다.

"이제 노예제 폐지운동은 많은 사람의 지지도 얻었고 언젠가 우리가 원하는 대로 이뤄질 거 같습니다. 문제는 그다음입니다. 이미 노예로 끌려온 사람들을 해방시켜야 하는 크나큰 숙제가 있습니다. 이 문제를 어떻게 잘 해결할 수 있을지 정말 고민이 됩니다."

존은 고개를 끄덕이며 윌리엄의 말에 동의했다.

"저도 그 문제를 늘 고민하고 있답니다. 정말 쉽지 않은 일이 될 겁니다. 바다를 건너 끌려온 노예들이 굉장히 많지 않습니까."

윌리엄은 그의 무릎을 '탁' 하고 쳤다.

"그렇습니다. 이 영국 땅만 해도 노예로 끌려온 사람들이 14,000여 명이나 된다고 합니다. 가정집의 하인들로 많이들 끌려갔죠. 다른 무엇보다도 그들을 집 밖으로 나오게 하는 게 가장 먼저 해야 할 일 같습니다."

존은 윌리엄의 말에 수긍하며 그들이 앞으로 어떤 일을 할 수 있을지 함께 고민했다. 우선 윌리엄은 영국 의회에서 '노예제 폐지법'을 통과시키기 위해 모든 열정을 쏟았다. 그로 인해 조금씩 사람들의 인식도 변화하기 시작했다. 사람들이 노예제 폐지운동에 참여하기 시작하며, 영국에서 일어나는 새로운 변화의 물결은 존에게 큰 힘이 됐다. 하지만 아직 해방되지 못한 노예들의 문제는 숙제로 남아있었다.

✳✳✳✳

"목사님, 제가 새로운 소식을 가져왔습니다."

윌리엄이 존의 서재로 힘차게 들어서자, 존은 읽던 책을 덮으며 반갑게 그를 맞이했다.

"어서 오세요. 여기 앉아서 무슨 일인지 차근차근 설명해 주세요."

윌리엄은 크게 웃으며 방금 듣고 온 소식을 이야기하기 시작했다.

"서아프리카에 있는 시에라리온 Sierra Leone(편집자 주: 아프리카 대륙 서부 대서양 해안에 위치한 나라다)이 식민지로 공표됐습니다. 이제 해방된 노예들은 자신들이 살던 서아프리카 땅으로 돌아갈 수 있게 됐습니다. 그곳 수도의 이름이 뭔지 아십니까? 바로 '자유의 땅'이라는 뜻의 '프리타운' Freetown입니다. 영국에서 해방된 노예들이 그 땅의 첫 정착민들이 될 겁니다. 곧 미국과 서인도제도의 노예들도 그곳으로 가게 될 겁니다."

"정말 기쁜 소식이군요. 시에라리온과 그 땅에서 살아갈 사람들에게 하나님의 은혜가 충만하기를 간절히 기도합니다."

두 사람 사이로 잠시 침묵이 흘렀다. 정적을 먼저 깬 것은 윌리엄이었다.

"그런데 목사님, 그들이 영국 땅에 끌려와 살며 낳은 아이들도 노예가 됐겠죠? 지금 영국 노예들의 대다수가 이곳에서 나고 자란 세대일 겁니다. 그들에게는 오히려 시에라리온이 더 적응하기 힘들 수도 있습니다. 그들에게 선택권을 주지 않고 시에라리온에 억지로 이주시키는 게 맞을까요?"

"노예들을 해방시키는 일은 어렵지 않지만, 노예제도의 흔적을 지우는 일은 정말 쉽지 않을 겁니다. 자유의 의미를 깨닫고 그들끼리 자립해서 일어서기까지는 몇 세대를 거쳐야 할지도 모르죠."

"우리가 계속 싸워 나가야 합니다. 노예제가 빨리 폐지돼야 그들이 자유를 누릴 수 있는 날이 더 빨리 올 테니까요."

****

윌리엄의 방문 이후, 존은 서재 안에 있는 지구본을 천천히 돌려봤다. 아메리카 대륙이 보이는 지점에서 지구본을 멈추고 동쪽 끝 캐롤라이나 지역부터 아래로 가로지르며 서인도제도까지 훑어봤다. 젊은 시절 존의 항해길은 그 반대 방향이었다. 배에 한가득 아프리카 땅에서 끌고 온 노예들을 싣고서 바다를 누비고 다녔다. 그 당시, 노예들을 실었던 짐칸에서 올라오던 악취가 아직도 생생하게 느껴지는 듯했다. 부모들에게서 떨어져 우는 아이들의 커다란 울음소리도 귓가에 들려오는 듯했다. 존은 한층 무거워진 마음으로 자리에 털썩 앉았다. 그리고 천장을 바라봤다.

"그들이 자유를 찾아 돌아가는 길도 그런 모습이지는 않겠지? 그들은 이제 승객이지 짐짝이 아니니까."

존은 긴 시간 생각에 잠겼다. 이제껏 살아오는 동안의 모든 흔적이 후회로 남았다.

"그 시절에 내가 저질렀던 모든 죄악을 다시 되돌릴 수만 있다면…"

그때 벳시가 벽난로에 장작을 더 넣으려고 서재에 들어왔다. 홀로 생각에 잠겨있던 존은 깜짝 놀라 벳시를 쳐다봤다.

"죄송해요, 고모부. 제가 방해를 했나요?"

존은 그의 눈에 들어온 벳시를 보고 웃음을 되찾았다.

"그럴 리가. 이제 따뜻한 차를 한 잔 마실 시간이 됐다고 생각했단다."

"그럼, 우리 다 같이 차 마실까요?"

벳시의 뒤로 메리가 다가오며 말했다. 메리가 들고 있는 쟁반 위에는 고소한 버터 향을 풍기는 빵과 따뜻한 찻주전자가 있었다.
존은 몸을 일으켜 메리가 의자에 앉을 수 있도록 부축했다. 메리가 암을 선고받은 지 일 년이 다 되어 가고 있었다. 메리의 몸은 날이 갈수록 약해져 갔다.

"어디 불편하지는 않나요?"

존이 걱정하며 묻자, 메리는 웃으며 대답했다.

"오늘은 통증이 그리 심하지 않네요."

하지만 순간 메리의 눈 속에 자리하는 무언가가 존을 몹시도 불안하게 만들었다. 메리의 아름다운 눈 속에 전에는 한 번도 본 적 없는 두려움과 공포가 비쳤다. 그리고 그녀는 평생해 본 적 없는 말을 입 밖으로 내뱉었다.

"존, 나는 이렇게 죽고 싶지 않아요. 당신과 벳시를 두고 죽는 게 너무 두려워요."

존은 메리를 꼭 끌어안았다. 하지만 메리는 그를 밀어냈다.

"당신은 내가 신실한 그리스도인이길 바라겠지만, 아니에요. 그런 내가 죽으면 천국이 아닌 지옥으로 떨어지겠죠. 정말 그렇게 될 것만 같아서 너무 무서워요."

메리는 앞치마를 끌어당겨 얼굴을 가리고 상처받은 어린 아이처럼 흐느꼈다. 그 소리를 들은 벳시는 놀라서 메리를 힘껏 뒤에서 안아줬다.

"사랑하는 메리, 하나님께서 언제나 당신을 꼭 붙잡고 계신다는 걸 믿어야 해요. 그분의 손길을 느끼지 못하는 순간에도 당신 옆에 주님께서 계신다는 걸 기억해 줘요."

존은 아내가 믿음과 용기를 잃지 않도록 손을 꼭 붙잡고 반복해서 말해 줬다. 하지만 메리는 고개를 저을 뿐이었다.

✦✦✦✦

며칠 뒤, 몸이 더 약해진 메리는 하루 종일 멍하니 앉아 있기만 했다. 존은 그런 메리의 옆을 몇 시간이고 앉아 지켰다. 그리고 그녀에게 예수님께서 천국에 함께하겠다고 하신 약속의 말씀을 끊임없이 속삭여 줬다. 존은 메리의 건강이 점차 나빠지는 것을 보며, 아내가 눈을 감기 전에 마음의 평화를 찾을 수 있기를 간절히 기도했다. 그리고 얼마 뒤에 하나님은 존의 기도를 들어 주셨고, 메리는 조금이나마 다시 믿음을 되찾고 진정할 수 있었다.

그로부터 3개월이라는 시간이 흘러 1790년 12월이 됐다. 존은 침대 위에서 한없이 약해진 메리의 곁을 지키고 있었다. 흔들리는 촛불이 메리가 누운 침대 위를 밝히며 존의 그림자를 길게 비추었지만, 메리의 죽음까지는 막지 못했다. 그녀가 마지막 숨을 거둘 때, 존은 메리가 성경에 줄을 친 구절을 읽기 시작했다.

"비록 무화과나무가 무성하지 못하며 포도나무에 열매가 없으며 감람나무에 소출이 없으며 밭에 먹을 것이 없으며 우리에 양이 없으며 외양간에 소가 없을지라도 나는 여호와로 말미암아 즐거워하며 나의 구원의 하나님으로 말미암아 기뻐하리로다" 하박국 3:17-18.

존은 "나는 여호와로 말미암아 즐거워하며"라는 구절을 반복해 읽었다.

'나의 사랑하는 아내 메리가 하나님의 부르심을 받아 더 이상 이 땅에서 그녀를 볼 수 없을지라도, 나는 여호와로 말미암아 기뻐하리로다.'

****

존은 하나님께서 메리를 데려가신 후 17년이나 더 살았다. 만일 존이 메리를 떠나보냈을 때 이 사실을 알았더라면, 그는 그 슬픔을 더욱 이겨 내기 힘들었을 것이다. 존과 메리는 서로를 너무 사랑했기 때문이다. 하지만 당시에 존은 자신에게 그렇게 많은 날이 허락되리라는 것을 전혀 알지 못했다. 그는 하루하루를 천국에 점점 더 가까워지는 것으로 생각하면서 살았다.

1800년 새해 첫날, 존의 일기장에는 다음과 같이 쓰여 있었다.

> 새로운 시대가 시작됐다. 메리를 떠나보낸 지 10년이나 지났다는 것이 믿어지지 않는다. 그 이후로 또 얼마나 많은 일이 있었던가. 윌리엄은 노예제 폐지를 위한 활동을 여전히 열심히 하고 있다. 결코 쉬운 길이 아니었다. 하지만 이제 거

> 의 끝이 보이고 있음을 느낀다. 점점 의회에서 노예제도를 찬성하는 이들의 목소리가 힘을 잃어가고 있다. 어쩌면 다음 투표 때는 노예제 폐지가 결정될지도 모르겠다.

1804년, 마침내 하나님께서 존의 기도에 응답해 주셨다. 윌리엄의 노예제 폐지 법안이 의회의 다수 지지를 받아 승인을 받아 낸 것이다. 이제 노예제도는 과거 속으로 영원히 사라지게 됐다. 존은 이제 일흔아홉의 나이를 바라보고 있었다. 그가 노예무역을 하던 시절도 벌써 반세기 전의 일이 됐다. 이제 영국 땅의 청년들이 존과 같이 노예무역을 직업으로 삼지 않게 됐다.

그로부터 3년 뒤, 벳시는 존을 보러 방문한 친구와 함께 대화를 나누고 있었다.

"고모부와 함께 지내는 게 얼마나 기쁜지 몰라. 누구보다도 다정하고 따뜻한 분이셔."

"존 뉴턴 목사님이 전에 뭐라고 하셨는지 알아? 자신은 이제 모든 준비를 마치고 하나님께서 보내실 편지 한 장을 기다리고 있다고 하셨어. 그렇게 죽음을 기다릴 수 있다면, 얼마나 평온할까?"

벳시는 감사한 마음과 함께 아버지와 같은 고모부를 떠나보내야 한다는 사실에 슬픈 마음이 들었다.

"고모부가 없는 삶은 감히 상상도 할 수가 없어. 내게는 누구보다도 완벽한 분이셨거든."

****

윌리엄은 1807년 초에 노예제도가 완전히 폐지된 이후에도 멈추지 않고 싸웠다. 그리고 1807년 12월 21일, 그날도 그는 여느 때처럼 우리가 한 걸음 더 나아갔다는 소식을 존에게 전해왔다. 존은 그날 이후로 윌리엄이 전하는 소식을 들을 수 없었다. 그날 하나님의 부르심을 받았기 때문이다.

벳시는 존이 마지막 숨을 거두는 순간을 조용히 옆에서 지켜봤다. 그리고 자신이 존과 메리의 집에서 넘치는 사랑을 받으며 살아온 날들을 돌아봤다.

어린 시절에 존이 자신을 위해 허리를 굽혀 낙타 흉내를 내고, 자신은 머나먼 나라에서 온 대단한 아가씨처럼 낙타에 올라타 놀았던 기억이 떠올랐다. 두 사람이 시끌벅적한 시장에 나와 예쁜 접시를 팔고 있는 것처럼 놀다가 접시를 떨어뜨려 부엌에 있던 가정부와 집사를 놀래 켰던 일도 생각났다.
　존의 죽음은 가슴 한편을 떼어내는 듯 마음을 아프게 했지만, 그와의 아름다운 추억들로 벳시는 웃으며 그를 떠나보낼 수 있었다.

더 생각해 보기

1 런던 리틀베어 부둣가

존 뉴턴은 친구들과 리틀베어 부둣가를 탐험하며 끔찍한 것들을 마주하게 됐어요. 그리고 집에 와서 자신이 본 것들을 어머니와 나누었죠. 여러분도 주위에서 이해하기 어려웠던 것들을 부모님과 이야기하나요? 만일 대화가 어려울 것 같다면, 그리스도인들은 교회에 있는 선배나 선생님, 목사님과 대화하며 많은 도움을 얻을 수 있어요. 디모데는 믿음의 선배인 사도 바울을 만난 후 그를 의지하고 따르며 신실한 동역자가 됐어요. 우리는 바울이 디모데에게 쓴 편지인 디모데서를 통해 믿음의 선배로부터 얼마나 좋은 교훈과 배움을 얻을 수 있는지 알 수 있어요. 디모데전서 4:7-8, 6:11-12, 디모데후서 2:1을 읽고 생각해 보세요.

② **새로운 경험**

존의 어머니는 그가 어릴 때 돌아가셨어요. 사랑하는 사람의 죽음은 언제나 받아들이기 힘들어요. 우리 가족과 친구들을 영원히 만나지 못한다는 것은 매우 슬픈 일이에요. 하지만 천국을 믿는 그리스도인은 죽음을 다른 시각으로 받아들여요. 그리스도인은 모두 천국에 갈 수 있다고 하신 하나님의 약속을 믿기 때문이에요. 그렇다면, 그리스도인은 사랑하는 사람의 죽음 앞에서 전혀 슬퍼하지 말아야 할까요? 요한복음 11:32-36을 읽고, 예수님께서 친구 나사로의 죽음 앞에서 어떤 마음이셨는지 확인해 보세요. 예수님은 사랑하는 사람과 헤어지는 슬픔을 잘 알고 이해하고 계셨어요. 성경은 하나님을 믿는 사람들이 천국에 대한 믿음이 없는 것처럼 슬퍼해서는 안 된다고 말씀해요. 우리는 죽은 뒤에도 하늘나라에서 다시 만나며 영원히 하나님과 함께한다는 천국에 대한 소망을 잊지 말아야 해요.

③ **바다 위의 삶**

존은 아버지의 뜻에 따라 선원이 됐어요. 여러분이 미래에 하고 싶은 일은 무엇인가요? 이와 관련해 부모님과 이야기를 나눠 본 적이 있나요? 부모님이 여러분의 꿈을 반대하고 다른 진로를 이야기하면 어떨 것 같나요? 부모님께 조언을 듣는다면 어떤 이야기를 듣고 싶은가요? 누가복음 15:11-

32을 읽어 보세요. 예수님은 두 아들에 대해 말씀하세요. 큰아들은 아버지를 따라 성실하게 일을 했고, 다른 아들은 자신이 하고 싶은 대로 방탕한 삶을 살았어요. 이후 두 아들이 어떻게 다른 삶을 살게 됐는지 살펴보세요.

4 폭풍우가 몰아치던 밤

많은 사람이 자신에게 어려운 상황이 닥치면 "하나님, 도와주세요!"라고 외쳐요. 평소에는 하나님의 말씀을 어기고 마음속에 새기지 않으면서, 필요할 때만 하나님을 찾아요. 만일 여러분의 친구가 자신이 필요할 때만 여러분을 찾는다면, 어떤 마음이 들 것 같나요? 존은 어머니의 가르침을 기억하며 하나님을 따르려고 노력했어요. 하지만 번번이 실패로 돌아갔고, 때로는 더 나쁜 길로 빠져들었어요. 그러던 어느 날, 존은 항해 중 거센 폭풍우를 만나 거의 죽을 뻔한 위기에 처해요. 그날의 경험은 존의 삶을 어떻게 바꾸었나요? 선한 삶을 사는 것과 그리스도인이 되는 것에는 어떤 차이가 있을까요? 하나님을 믿는 그리스도인은 어떤 행동을 해도 용서를 받을 수 있을까요? 요한복음 3:16과 야고보서 2:20-23 말씀을 읽고 생각해 보세요.

5 사람을 나르는 배

존이 살았던 시절뿐 아니라 예수님께서 이 땅에 계실 때도 노예제도가 있었어요. 빌레몬서는 그리스도를 믿는 주인인 빌레몬으로부터 도망친 노예 오네시모를 위해 바울이 쓴 편지예요. 이처럼 노예를 부리던 주인들이 모두 나쁜 사람들은 아니었어요. 하지만 존이 지적했듯이 노예제도는 이로운 점보다는 나쁜 점이 훨씬 더 많았어요. 그리스도인이라면 우리가 살고 있는 사회가 더 나은 방향으로 나아갈 수 있도록 노력해야 해요. 마태복음 5:13에서 예수님은 그리스도인이 세상에서 어떤 존재가 돼야 한다고 말씀하시는지 살펴보세요.

6 선장 존 뉴턴

존은 그리스도인으로 살고자 다짐한 이후에도 노예무역 일을 계속했어요. 여러분도 친구들이 하는 일이라면, 그 일이 옳은지 그른지를 생각하지 않고 똑같이 따라할 건가요? 사도 바울은 그리스도인이 지녀야 할 가치관에 대해 빌립보서 4:8-9을 통해 설명하고 있어요. 바울의 조언은 여러분들이 무언가를 결정할 때 도움이 될 거예요. 선장이 된 존은 배 안에서 믿음을 지키려고 노력했어요. 그러나 선원들은 존이 그리스도인이기에 그저 착한 사람일 것이라고 생각했어요. 이에 존은 엄격한 규칙을 만들어 배 안의 질서를 바로잡았어요. 이처럼 단체 생활을 하는 곳에서는 규칙이 필요해요. 하지만 규칙을 지키지 않는다고 화를 내거나 때리는 것은 좋지 않아요. 솔로몬은 하나님께서 주신 달란트 덕에 지혜의 왕으로 역사에 남을 수 있었어요. 잠언 13:24을 읽고, 솔로몬이 이 문제에 대해 어떻게 생각했는지 살펴보세요.

7 세관 조사관

존은 갑자기 뇌졸중 증상을 보였어요. 그 때문에 존은 원래 타기로 했던 노예무역선을 타지 못했어요. 여러분은 하나님께서 이미 일어난 사건들을 통해 하나님의 뜻대로 우리를 인도하신다고 생각하나요, 아니면 애초에 하나님께서 그런 사건을 만들어 두신 것이라고 생각하나요? 사도행전 27:1-28:16의 말씀은 사도 바울이 로마로 압송될 때 풍랑을 만난 일화에 관한 내용이에요. 이때 하나님은 바울의 상황에 어떻게 개입하셨는지 생각해 보세요.

8 다시 새로운 시작

존과 메리 사이에는 자식이 없었어요. 하지만 부부는 사역을 하던 올니 지역 아이들의 선생님이자 친구가 되어 줬어요. 아이들 중 몇 명은 매우 가난하거나 문제아이기도 했어요. 하나님은 잘살고 깨끗하게 차려입은 사람들만 바라보시는 분일까요? 여러분은 가난하거나 지저분한 모습의 사람들이 여러분의 교회를 찾아온다면, 따뜻하게 맞이하고 환영할 마음의 준비가 되어 있나요? 누가복음 14:12-14

말씀을 읽고, 예수님께서 어려운 이웃들을 어떻게 대하라고 하셨는지 그 가르침을 다시 기억해 보세요.

9 나 같은 죄인 살리신 주님

존 뉴턴은 여러 찬송가의 가사를 작사했어요. 그중에 가장 유명한 것이 「나 같은 죄인 살리신」이라는 찬송이에요. 존은 이 찬송을 통해 죄악에 빠졌던 자신을 구원해 주신 하나님을 찬양했어요. 이 찬양은 노예무역선을 이끌던 선장같이 악한 죄를 지은 사람만 불러야 하는 것일까요? 선한 사람들도 구원하시는 하나님의 은혜는 덜 감동적이고 덜 놀라운 일인가요? 우리들 중에 하나님의 구원이 필요하지 않은 사람이 있다고 생각하나요? 로마서 3:10-12 말씀에서 그 답을 찾아보세요. 그리고 로마서 4:7-8 말씀에서 죄 사함 받은 그리스도인들에게 어떤 일이 일어나는지 찾아보세요.

10 런던에서의 목회 생활

존은 목회자실에서 다양한 성도들의 고민을 듣게 돼요. 어떤 부인은 복권에 당첨돼, 존에게 함께 기뻐해 달라고 했어요. 이때 존의 태도는 어땠나요? 부인을 걱정한 그의 태도는 옳았다고 생각하나요? 그렇다면, 여러분은 부인에 대해 어떤 생각이 들었나요? 또 존을 찾아온 어떤 부유한 남성들은 경제 상황이 좋지 않아 돈을 더 벌지 못했다며 불평을 했어요. 그러면서 존에게 위로의 말을 부탁했어요. 이때 존은 무엇이라고 말했나요? 성경은 돈을 좇고 섬기는 삶에 대해 어떻게 이야기하나요? 마태복음 6:19과 6:24 말씀을 읽어 보세요. 예수님은 우리에게 재물을 모으지 말라고 말씀하시나요, 아니면 재물만을 좇지 말라고 말씀하시나요?

11 윌리엄 윌버포스

윌리엄이 오래도록 노예제 폐지를 주장하며 싸운 것은 엄청난 용기가 있어야 하는 일이었어요. 당시 영국 사회를 움직이는 주요 인사 중 많은 사람이 노예무역 덕분에 돈을 벌고 있었기 때문이에요. 힘 있는 사람들 앞에서 여러분도 윌리엄과 같은 용기를 낼 수 있나요? 옳은 일을 하는 데에는 큰 용기가 필요해요. 여러분은 삶 가운데 용기를 내지 못하고 주저했던 경험이 있나요? 그때 용기를 낼 수 없었던 이유는 무엇인가요? 하나님께서 함께하고 계심을 느끼지 못했기 때문은 아닌가요? 신명기 31:6 말씀과 같이 하나님께서 늘 함께하심을 기억해요.

12 마지막 한해

존은 훗날 노예무역에 몸담았던 자신의 과거를 후회하고 반성했어요. 하지만 그 시간은 결코 돌이킬 수 없었어요. 대신 그는 노예제 폐지와 노예 해방 운동을 도우며 자신의 과거에 대해 속죄하고자 했어요. 우리가 과거에 한 실수나 잘못을 없었던 일로 되돌릴 수 있나요? 과거 여러분이 했던 일들이 친구나 가족에게 상처를 남긴 적은 없나요? 요한일서 1:8-10을 읽어 보세요. 하나님은 죄를 뉘우치는 자를 용서하시고 사랑하세요. 그러므로 존과 같이 자신이 잘못한 것이 있다면 회개하고 예수님의 사랑을 실천하는 사람이 되세요.

「더 생각해 보기」(224쪽)에서 어떤 질문들은 조금 더 자세한 설명이 필요해요. 아래의 글을 보고 더 깊이 생각해 보세요.

② 새로운 경험

예수님은 나사로의 죽음에 슬퍼하셨어요(요 11:35-38). 사람들이 죽음 앞에서 슬퍼하는 것은 당연한 일이에요. 그리스도인도 예외는 아니에요. 떠난 사람들을 위해 눈물을 흘리는 것은 잘못된 행동이 아니에요. 다만, 그리스도인으로서 죽음 뒤에도 천국에서의 영원한 삶이 있다는 것을 기억해야 해요.

③ 바다 위의 삶

부모님들은 누구보다도 자녀에게 가장 좋은 것이 무엇인지 알고 있어요. 그래서 부모님의 말씀을 잘 새겨들어야 해요.

부모님과의 대화가 어렵다면, 우리보다 지혜로운 사람에게 조언을 구하는 것도 좋아요.

④ 폭풍우가 몰아치던 밤

선한 삶을 사는 것과 그리스도인이 되는 것은 분명히 다른 일이에요. 선한 삶을 사는 것만으로는 천국에 갈 수 없어요. 천국에 가기 위해서는 예수님께서 십자가에서 죽으심으로 우리의 죄를 용서해 주셨음을 믿어야만 해요. 그 믿음을 가진 사람들이 그리스도인이에요.

⑤ 사람을 나르는 배

그리스도인은 사회에 선한 영향력을 끼칠 수 있는 사람이에요. 또한 사람들과 사회가 영적으로 타락하지 않도록 이끌어 줄 수 있는 능력이 있는 사람이에요. 그리고 하나님의 말씀을 세상에 전하며 사람들의 삶을 변화시킬 수 있는 사람이에요.

⑨ 나 같은 죄인 살리신 주님

우리는 모두 하나님 앞에 죄인이며 구원받아야 할 존재들이에요. 누구도 예외는 없으며, 오직 예수님만이 흠 없는 삶을 사신 분이에요. 예수님께서 우리의 죄를 대신해 십자가에 못 박혀 돌아가신 것을 믿는다면, 하나님께서 우리의 죄를 용서하시고 구원해 주실 거예요.

 노예무역 지도

기도 방법

　기도는 하나님과 대화를 나누는 것이다. 기도를 통해 우리의 걱정과 근심을 털어놓을 수 있고, 우리의 기분도 이야기할 수 있으며, 하나님께 대한 감사와 사랑의 표현도 할 수 있다. 기도를 통해, 우리가 저지른 실수와 그릇된 행동들도 숨김없이 고백하는 일 또한 중요하다. 아직 기도하는 것이 어렵다면, 다음의 기도 방법을 따라 해보자.

ACTS

◆ A : Adoration(찬양)

하나님을 얼마큼 사랑하고 있는지 이야기해 보고, 하나님을 찬양하자.

◆ C : Confession(고백)

잘못한 일들에 대해 숨김없이 고백하자.

◆ T : Thanks(감사)

하나님께서 주신 구원의 약속과 성경 말씀들을 기억하고 매일 감사하는 마음을 표현하자.

◆ S : Supplication(간구)

우리에게 필요한 것들을 하나님께 구하자. 매일 평안과 도움을 주시기를 구하고, 잘못한 것들에 대해 용서를 구하자.

주간 기도일기

주일

존 뉴턴은 아버지가 자신을 사랑한다는 것을 머리로는 알았지만, 마음으로는 느낄 수 없었다.

- ◆ 자녀에게 사랑을 표현하는 것이 어색한 부모님들을 위해 기도하자.
- ◆ 부모님께 사랑한다는 표현을 듣지 못한 아이들을 위해 기도하자.
- ◆ 학대하는 부모님 밑에서 자라는 아이들에게 하나님의 은혜가 임할 수 있기를 기도하자. 주변 사람들이 그들을 도와주고 보호할 수 있기를 바라며, 그 아이들이 훗날 자기 자녀들에게 같은 죄를 저지르지 않을 수 있도록 지켜 주시기를 기도하자.
- ◆ 우리 부모님을 위해 기도하자. 자녀로서 도리를 다하기도 어렵지만, 부모가 되어 자녀를 돌보는 것은 더 힘든 일이다. 부모님과 내가 서로를 잘 이해할 수 있도록 도와달라고 하나님께 기도하자.

월요일

존 뉴턴의 어머니는 그가 어릴 적에 돌아가셨다. 이후 존의 아버지는 재혼하셨고, 존에게는 이복동생이 생겼다.

- ◆ **어린 나이에 부모님을 잃은 친구들을 위해 기도하자.** 그들의 마음을 이해하고 상처 주는 말과 행동을 하지 않도록 하나님께 도움을 구해 보자.
- ◆ **재혼한 가정을 위해 기도하자.** 부모님이 새로 만나게 된 자녀들을 사랑하는 법을 배울 수 있게 기도하자. 그리고 새로 태어난 아이들로 인해 소외감을 느낄 아이들을 위해 기도하자. 이 가정의 아이들이 그들의 새로운 부모님을 사랑하고 공경하는 법을 배울 수 있게 기도하자.

화요일

존 뉴턴은 십 대 시절 탈출구가 많지 않았다. 그런 상황 때문에, 존은 자신이 없어져도 누구 하나 자신을 기억하지도 슬퍼하지도 않을 것으로 생각했다.

- ◆ **우리가 병들고 다치지 않게 보호해 주시기를 하나님께 기도하자.** 병을 앓고 있거나 다친 친구들이 있다면, 그들을 위해 기도하자.

◆ **하나님의 말씀에 귀 기울일 수 있게 해 달라고 기도하자.** 하나님을 떠올리게 하는 일이 생긴다면, 존이 한 것과 같이 마음속에 묻어두지 말고 하나님의 부르심에 응답할 수 있게 해 달라고 기도하자.

◆ **이 순간 다치거나 병으로 고통받고 있는 사람들을 위해 기도하자.** 우리 주위에는 다양한 질병으로 아픈 사람들이 있다. 그들의 몸과 마음이 빨리 회복되도록 기도하자. 또한 불의의 사고로 안타깝게 목숨을 잃은 사람들의 영혼을 위해서도 기도하자. 그리고 그들의 가족을 위해서도 기도하자.

수요일

존 뉴턴은 열한 살 생일이 됐을 때쯤 이미 선원이 되어 배를 타고 있었다.

◆ **평범한 청소년의 때를 보내지 못하고 있는 아이들을 위해 기도하자.** 지구촌 곳곳에서는 많은 어린이가 학교에서 교육을 받는 대신 일터로 나가 노동력을 착취당하고 있다. 어린이로서 기본적으로 누려야 할 권리를 누리지 못하고 있는 그들을 위해 기도하자. 아이들이 가혹한 환경 속에서 그저 돈만을 쫓고 섬기며 살지 않도록 기도하자. 그들이 안전한 환경에 있도록, 신체적으로 건강하도록, 그리고 많은

사람들로부터 보호받을 수 있기를 기도하자.

목요일

존 뉴턴은 살아생전에, 영국에서 노예제도가 폐지되는 것을 목격했다. 하지만 아직도 '노예 됨'의 문제는 여전히 존재한다.

- ◆ **어떤 것들에 중독되고 노예가 되어 고통받는 사람들을 위해 기도하자.** 스마트폰, 음식, 거짓말 등 무언가에 중독되어, 스스로를 자제할 수 없는 사람들을 위해 기도하자.
- ◆ **우리 스스로 멈출 수 없는 것들에 유혹되지 않도록 기도하자.** 이미 어떤 것에 중독되어 있다면, 그것들을 끊어낼 수 있는 용기와 힘을 주시기를 기도하자.
- ◆ **아직 노예처럼 살아가는 사람들을 위해 기도하자.** 노예와 같은 삶을 살고 있는 사람들이 여전히 있다. 그들이 자신의 정체성을 깨닫고 자유롭게 살 수 있기를 기도하자.

금요일

존은 뇌졸중이 발병하면서 노예무역을 그만뒀다. 당시에 존은 일자리를 잃은 것에 큰 걱정을 했지만, 결과적으로는 더 이상 죄를 짓지 않게 된 것에 감사했다.

◆ 건강 문제로 진로를 포기하게 된 친구들이 있거나 본인이 그런 상황이라면, 하나님의 큰 뜻을 이해할 수 있게 해 달라고 기도하자. 하나님은 우리를 쓰고자 하는 길로 인도하신다. 그러므로 우리는 하나님께 모든 것을 맡기고 순종하는 자세가 필요하다. 삶은 언제나 사람의 마음과 계획대로 흘러가지 않는다. 그 순간에는 보이지 않더라도 언젠가는 그 모든 것이 하나님의 은혜였음을 깨달을 수 있게 될 것이다.

토요일

존 뉴턴은 노예무역선을 타던 선장을 그만둔 후 노예제도를 폐지하는 운동을 이끄는 핵심 인물이 됐다.

◆ 과거에 자신이 저지른 잘못을 뉘우치고 새롭게 변화된 삶을 살 수 있는 용기와 힘을 달라고 기도하자. 그리스도인에게 자신의 잘못을 반성하는 자세는 중요하다. 하나님은 진실로 자신의 죄를 뉘우치고 참회하는 자를 용서하시기 때문이다.

◆ 부모님, 선생님, 그리고 정치인 등 공동체가 의사결정을 함에 있어서 중요한 역할을 하는 사람들을 위해 기도하자. 중요한 결정을 내리는 자들의 영향력은 우리의 삶에 큰 변화를 일으킨다. 때문에 그들이 마음을 열고 더 넓은 시각으로 세상을 볼 수 있도록 하나님께 도와달라고 기도해야 한다.

◆ **사회의 악한 것들과 잘못된 것들을 위해 싸우는 용기 있는 사람들을 위해 기도하자.** 하나님의 편에 서 있는 사람은 올바른 마음을 지키고 있는 자들이다. 그래서 우리는 그들이 선한 생각으로 가득차도록 그리고 그들의 생각을 보호해 달라고 기도해야 한다. 또한 그들을 위해 우리도 무언가 할 수 있는 일이 있다면 기꺼이 용기를 가지고 함께할 수 있게 해 달라고 하나님께 기도해야 한다.

존 뉴턴 연대표

1725	7월 24일, 런던에서 출생함
1736	바다 항해를 시작함
1743	강제로 영국 해군 장교가 되어 해군 생활을 하게 됨
1745	아프리카 시에라리온을 중심으로 하는 노예무역상이 됨
1748	풍랑을 만나 배가 침몰할 뻔했고, 처음으로 하나님에 대한 두려움을 느낌
1750	메리 카틀렛과 결혼함
	아르가일백작호의 선장으로 노예무역을 함
1752	노예무역을 위해 아프리칸호를 타고 두 번의 항해를 함
1754	갑작스러운 뇌졸중으로 노예무역을 그만둠
1755	리버풀에서 세관 조사관이 됨
	런던에서 조지 화이트필드 목사님의 설교를 들음

1764	영국 성공회 목사로 임명됨
	올니 지역에서 목회를 시작함
1772	「나 같은 죄인 살리신」 찬송을 작사함
1773	역대상 17:16-17 말씀으로 설교할 때, 「나 같은 죄인 살리신」 찬송이 처음으로 성도들에게 소개됨
1779	올니의 찬송곡집 초판에 「나 같은 죄인 살리신」이 수록됨
	런던의 세인트 메리 울노스 St. Mary Woolnoth 교회로 사역지를 옮김
1785	윌리엄 윌버포스를 만나고, 노예제 폐지운동을 주도할 수 있도록 격려함
1788	노예무역상 시절의 회고록인 『아프리카 노예무역에 대한 생각』이 발간됨
1790	아내 메리가 사망함
1807	5월 1일, 노예제가 최종적으로 폐지됨
	12월 21일, 런던에서 82살의 나이로 사망함

저자 소개

아이린 호왓Irene Howat은 책을 진심으로 사랑하는 스코틀랜드인이다. 책을 읽고, 글을 쓰며 누군가에게 책 선물하는 것을 좋아한다. 그녀는 자신의 글을 통해, 그리스도인의 신앙에 대해 나누는 것을 좋아한다. 특히 아이들을 위한 글을 많이 저술했다.

아이린은 글을 쓰는 일 이외에 가정에도 충실하다. 스코틀랜드의 아길Argyll 지역에서 목회를 한 남편 앵거스Angus를 도와 사역지를 섬겼다. 그들 부부 사이에는 세 명의 딸이 있고, 딸들이 낳은 두 명의 손주는 현재 아이린의 큰 기쁨이자 행복이다.

아이린은 거의 10년 가까이 스코틀랜드의 기독교 서적 작가 모임의 회장직을 도맡았고, 1996년부터 스코틀랜드 자유교회 교단에서 매달 발행하는 어린이 잡지를 편집했다.

그녀는 글을 쓰는 것 이외에도 드로잉, 수채화, 사진 등 다양한 취미를 즐기며, 친구들과 함께 시간을 보내거나 고전 영화를 보는 것을 좋아한다. 또한 시를 좋아해서 언제든 손 닿는 곳에 시집을 쌓아두고 있다. 그녀가 가장 좋아하는 시인은 에반젤린 패터슨Evangeline Paterson이다.

노예상인 출신 복음 전도자

존 뉴턴

지은이 | 아이린 호왓
옮긴이 | 황민솔
그린이 | 권영묵

초판 1쇄 | 2024년 6월 22일

발행인 | 김경섭
국제총무 | 최복순
총무이사 | 김현욱
편집부 | 고유영(편집실장, 편집), 김성경(디자인), 박은실
인쇄 | 영진문원

발행처 | 묵상하는사람들
등록번호 | 108-82-61175
일부총판 | 생명의말씀사 Tel. (02) 3159-7979 Fax. 080-022-8585

주소 | 서울특별시 서초구 청룡마을길 8-1(신원동) (우) 06802
전화 | (02) 588-2218   팩스 | (02) 588-2268
홈페이지 | www.precept.or.kr
국민은행 431401-04-058116(프리셉트선교회)
2024 ⓒ 묵상하는사람들

값 10,000원
ISBN 978-89-8475-841-4 74230
      978-89-8475-645-8 74230(세트)

독자 여러분의 의견을 기다립니다.
(02) 588-2218 / pmbook77@naver.com